生長の家 三代目

谷口雅《まさ》宣《のぶ》の
スピリチュアル分析

Ryuho Okawa
大川隆法

まえがき

『生長の家 創始者　谷口雅春《まさはる》に政治思想の「今」を問う』に引き続いて、生長の家の混乱《こんらん》を生み出している、三代目総裁・谷口雅宣《まさのぶ》氏のスピリチュアル分析を行った。具体的には、守護霊の意見の聴取《ちょうしゅ》と、その指導霊または背後霊《はいごれい》の特定である。

私のスピリチュアル分析によれば、右翼系宗教であり、右翼系の政治活動もしていた生長の家は、旧社会党の復活を目指している亡霊《ぼうれい》に取り憑《つ》かれ、切り崩《くず》されているということである。

これは三代目雅宣氏が、新聞の論説ぐらいにあっさりと洗脳される程度の〝サラリーマン型知識人〟に甘んじていることとパラレルに起きている現象である。

二冊の本を読み比べることによって、宗教における「信仰の継承《けいしょう》」の難しさ、その社会学的研究をもすることができるだろう。

二〇一六年　六月二十八日

幸福《こうふく》の科学《かがく》グループ創始者兼総裁《そうししゃけんそうさい》　大川隆法《おおかわりゅうほう》

生長の家 三代目　谷口雅宣のスピリチュアル分析　目次

生長《せいちょう》の家《いえ》 三代目　谷口雅宣《たにぐちまさのぶ》のスピリチュアル分析《ぶんせき》

二〇一六年六月二十三日　収録
東京都・幸福の科学　教祖殿《きょうそでん》 大悟館《たいごかん》にて

「霊言現象《れいげんげんしょう》」とは、あの世の霊存在の言葉を語り下ろす現象のことをいう。これは高度な悟《さと》りを開いた者に特有のものであり、「霊媒現象《れいばいげんしょう》」（トランス状態になって意識を失い、霊が一方的にしゃべる現象）とは異なる。

また、人間の魂《たましい》は原則として六人のグループからなり、あの世に残っている「魂のきょうだい」の一人が守護霊《しゅごれい》を務めている。つまり、守護霊は、実は自分自身の魂の一部である。したがって、「守護霊の霊言」とは、いわば本人の潜在《せんざい》意識にアクセスしたものであり、その内容は、その人が潜在意識で考えていること（本心）と考えてよい。

なお、「霊言」は、あくまでも霊人《れいじん》の意見であり、幸福の科学グループとしての見解と矛盾《むじゅん》する内容を含《ふく》む場合がある点、付記しておきたい。

生長《せいちょう》の家《いえ》 三代目
谷口《たにぐち》雅宣《まさのぶ》のスピリチュアル分析《ぶんせき》

二〇一六年六月二十三日 収録

東京都・幸福の科学 教祖殿《きょうそでん》 大悟館《たいごかん》にて

谷口雅宣《たにぐちまさのぶ》（一九五一〜）

「生長《せいちょう》の家《いえ》」第三代総裁。初代谷口雅春《まさはる》の孫、第二代清超《せいちょう》の次男。青山《あおやま》学院大学法学部公法学科卒。米コロンビア大学大学院に留学後、産経新聞に入社、記者として勤務の後《のち》、生長の家に奉職《ほうしょく》し、一九九〇年に生長の家 副総裁、二〇〇九年に総裁に就任。「自然と人間との共存共栄」の実現を掲《かか》げ、二〇一三年には、東京都・原宿《はらじゅく》の本部を解体、山梨《やまなし》県北杜《ほくと》市に移設した。

質問者　※質問順

斎藤哲秀《さいとうてっしゅう》（幸福の科学編集系統括《とうかつ》担当専務理事 兼《けん》 HSU未来創造学部芸能・クリエーターコースソフト開発担当顧問《こもん》）

大川真輝《おおかわまさき》（幸福の科学専務理事 兼 事務局長）

綾織次郎《あやおりじろう》（幸福の科学常務理事 兼「ザ・リバティ」編集長 兼 HSU講師）

酒井太守《さかいたいしゅ》（幸福の科学宗務《しゅうむ》本部担当理事長特別補佐《ほさ》）

［役職は収録時点のもの］

1　生長《せいちょう》の家《いえ》三代目総裁・谷口雅宣《たにぐちまさのぶ》氏の守護霊《しゅごれい》を招霊《しょうれい》する

政治をテーマにして左翼《さよく》のほうに走っている宗教界

大川隆法　一昨日《おととい》（二〇一六年六月二十一日）、生長《せいちょう》の家《いえ》初代総裁、谷口雅春《たにぐちまさはる》先生をお呼びいたしまして、「三代目になって、左傾《さけい》化している生長の家の問題点、あるいは、政治的な思想についてどう思うか」、ご意見を賜《たまわ》りました（『生長の家 創始者　谷口雅春に政治思想の「今」を問う』〈幸福の科学出版刊〉参照）。

そのなかで、生長の家三代目の谷口雅宣《まさのぶ》さんの名前が、そうとうの回数登場したので、当然ながら、「どんな人なのか」という関心は、ジャーナリスティ

『生長の家 創始者　谷口雅春に政治思想の「今」を問う』
（幸福の科学出版刊）

ックにも出てくるでしょう。

さらに、初代の谷口雅春先生が三代目を許して、「悪魔《あくま》と契約《けいやく》した」という言い方までしていたので、宗教的には、探究・分析《ぶんせき》してみる必要はあるだろうと考えています。

もともと、生長の家は、日本の宗教のなかでは〝極右《きょくう》の頭目《とうもく》〟風に思われていましたし、天皇家を推戴《すいたい》して、この国を引っ張ろうとしていました。ところが、今は非常に左翼に寄っています。三代目は、産経の記者として三年ぐらい修業《しゅぎょう》したようですが、朝日新聞の軍門に降《くだ》っているらしいのです。

また、政治に関しては、保守系、あるいは、右翼系の宗教もあるでしょう。しかし、神道《しんとう》はそうだとしても、伝統的な宗教として、キリスト教系や仏教系のほとんど、あるいは、新宗教で創価学会《そうかがっかい》に反対しているようなところは、立場上、自民党の反対の側に回っています。要するに、今は自民党と公明党の連立政権であり、公

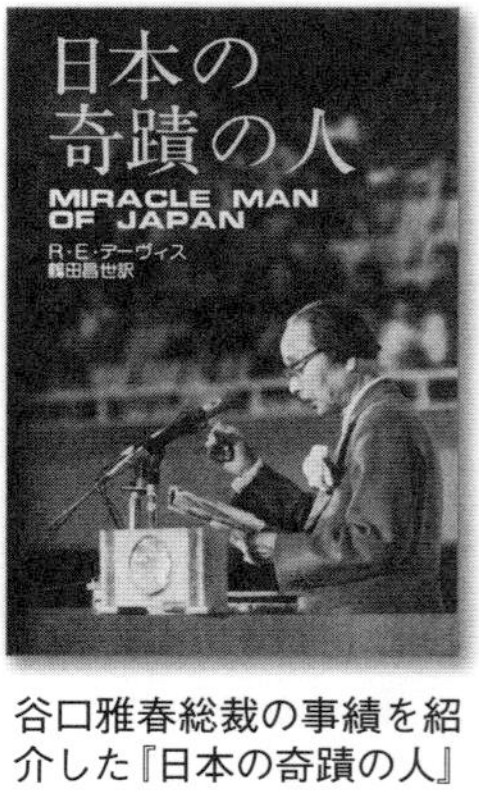

谷口雅春総裁の事績を紹介した『日本の奇蹟の人』（R・E・デーヴィス著、日本教文社刊）。

明党の支持母体が創価学会であるため、それに反対しているわけです。

確かに、かつて創価学会は、すべての宗教を邪教《じゃきょう》呼ばわりし、「創価学会のみが正しい」ということで折伏《しゃくぶく》大行進をやりました。おそらく、そのときの〝傷〟がまだ癒《い》えておらず、他の宗教はどこも嫌《いや》がって、反対のほう、つまり、左翼のほうに行くのでしょう。今、「保守 対 野党連合」の戦いのような構図ができつつあるので、そういうこともあって、左翼のほうを応《おう》援《えん》しているところもあるのではないでしょうか。

ただ、左翼には、やはり大きな問題があります。というのも、霊言《れいげん》等で調べてみると、ガチガチの左翼思想の持ち主や行動家の場合、今のところ、天国に還《かえ》っている霊があまり発見されていません。ほとんどが地獄《じごく》に堕《お》ちているか、死んだことに気づかな

自らの死を自覚していなかったマルクスの霊。『マルクス・毛沢東のスピリチュアル・メッセージ』（幸福の科学出版刊）

自分はまだ病床にあると思っていた丸山眞男の霊。『日米安保クライシス──丸山眞男 vs. 岸信介──』（幸福の科学出版刊）

いでいます。あるいは、死んだことを認めずに、「自分は生きている」と言い続けて、この地上にい続けているか、誰《だれ》かに憑依《ひょうい》しているような状態が多いでしょう。こうしたことは、宗教的に非常に大きな問題があると思っています。

したがって、宗教界の多くが、政治をテーマにして左翼のほうに走っているわけですが、それがもし間違《まちが》っているのであれば、意見を言わねばなりません。

生長の家三代目の谷口雅宣氏を「公人」としてチェックする

大川隆法　そこで、今日のテーマとしては、まず、一昨日の雅春先生の意見を受けて、二代目谷口清超《せいちょう》さんの跡《あと》を継《つ》いで三代目になっている谷口雅宣さんについて調べてみます。

この方は、私の五つぐらい年上のようですが、なぜ、初代と違う方向にハンドルを切って、宗教的思想だけでなく、政治的にも反対のほうにまで持ってきているのでしょうか。

要するに、「アンチ安倍《あべ》」ということを表明していますし、言ってみれば、「戦争法案反対」風に、「平和は正しい。憲法は正しい」ということでしょう。これは一見、左翼ジャーナリズムからすれば当たり前のことのようにも思えますし、SEALDs《シールズ》（自由と民主主義のための学生緊急《きんきゅう》行動）のような学生団体に共鳴しているようにも見えます。そういう、一見、正義のほうについているように見える運動ではあるのです。

これが生長の家として正しかったのか。また、宗教として正しいのか。あるいは、宗教の政治行動として正しいのか。このあたりについて、本人の守護霊《しゅごれい》と話してみましょう。ある意味では、反政府系についている宗教団体の政治意識等を洗い直し、対話するきっかけになるかもしれません。そういう代表として話していただくことにもなると思います。

テーマとしては、「反戦争」もあれば、「憲法九条を守れ」、「原発反対」もあるでしょう。また、「環境《かんきょう》・エコロジー」系の主張もさまざまになされています。そういうところは、ほかの宗教にもあるわけです。

まずは、このあたりを探《さぐ》りたいと考えます。

ただし、本人の潜在意識《せんざいいしき》、すなわち、守護霊の意見だけではないかもしれません。先日の谷口雅春先生の言葉を借りて、「何かに取り憑《つ》かれて、反対側に走った。要するに、生長の家は切り崩《くず》された」というように取るならば、何かほかの霊的影響《えいきょう》があってもおかしくはないでしょう。

もし、ほかの霊的影響があるのなら、今日は、何者が影響しているのかまで分析を入れてみたいと考えています。何が指導しているのかを見れば、〝正体〟が分かるのではないでしょうか。

なお、谷口雅宣さんの知名度はかなり低いと思われます。一般《いっぱん》の人の、おそらく一割も知らないでしょう。あるいは、もっと低いかもしれません。

ただ、生長の家も、日本の十大宗教ぐらいにはカウントされる宗教ですし、公称《こうしょう》信者数は、「国内に五十数万人、海外には百万人以上」とのことです。そういう大きな公的な団体の総裁を二〇〇九年から務めておられる以上、ご自身の宗教的発言や政治的発言の内容について、「公人」としてチェックを入れられるのはやむをえないことでしょう。そうしたチェックは私自身も受けているわけですが、同じく、谷口雅宣さんも当然、公人としてのチェックを受けるべきだと思います。

なお、これに関しては、個人の「心境」、あるいは「信条」等、「内面調査」をすることが「名誉毀損《めいよきそん》に当たる」とか、「プライバシー権に反する」とかいう主張は認められないと考えます。この方は、この世的な方のようであり、ジャーナリストの延長上、新聞記者の延長上でそのように考えるかもしれませんので、念のために言っておくだけですが、そういう主張は認められないと思います。

一方、分析をかける私に対しては、生長の家の、やや〝原始的な宗教理論〟によれば、「神は霊媒《れいばい》にはかからぬ」という批判がなされるかもしれません。しかし、私は、青森《あおもり》のイタコや沖縄《おきなわ》のユタとは違い、現在、世界百カ国以上に信者を持つ、日本を代表する宗教の総裁です。そういう「街の拝《おが》み屋さんや霊媒師に、狐《きつね》・狸《たぬき》が憑《つ》いたぐらいのレベル」で批評されるのは、当たっていないと考えます。

こちらも、「宗教を科学している立場」であるので、ある意味での公的な仕事として、これはやらせていただいているのです。

やはり、「真実とは何なのか」を明らかにすること、すなわち、「宗教的真実とは何か」、あるいは、「政治的な真理とは何か」を明らかにすることは非常に大事なことだと考えています。

ただ、これが公開された場合、地上のご本人がショックを受けることもあるかもしれません。また、言うまでもないことであるとは思いつつ、もしかしたら、公人の自覚がないかもしれないので、念のために、いちおう仁義《じんぎ》を切っておきます。

生長の家の信者が離《はな》れたり、不満を言ったりしている理由を探《さぐ》る

大川隆法　それでは、みなさまがた（質問者）に質問してもらって、どういう人かを見てみましょう。

例えば、ジャーナリストが右から左に揺《ゆ》れただけの人なのか。もう少し精神性があるのか。神や仏を信じているのか。霊界《れいかい》を信じているのか。まだ怪《あや》しいところもありますので、いろいろな〝球《たま》〟を投げてみてください。

雅宣氏は講演会を大規模にやっていたようですが、生長の家の古い信者たちが、「雅春先生とは思想が違いすぎる」ということで離《はな》れていったり、不満を言ったりしているわけです。その理由が、生長の家の信者や元信者、あるいは一般の方にも明らかになるでしょう。そこを調べたいと思います。

まず、谷口雅宣さんの守護霊をお呼びして、ご意見を伺《うかが》いましょう。

それでは、生長の家三代目総裁、谷口雅宣さんの守護霊を、幸福の科学 教祖殿《きょうそでん》にお呼びいたしまして、そのご本心、あるいは初代に反していかれるお心の意味を問いたいと思います。

これは、生長の家の信者や元信者、あるいはその思想の影響を受けているところ、あるいは反対しているところ、いろいろなところに対する公的な調査になると思いますので、どうぞご協力いただきますようお願い申し上げます。

生長の家三代目総裁、谷口雅宣氏の守護霊よ。

どうぞ、幸福の科学　教祖殿に降りたまいて、そのお心の内を明かしたまえ。

谷口雅宣氏の守護霊よ。

どうぞ、教祖殿に降りたまいて、その心の内を明かしたまえ。

（約十秒間の沈黙《ちんもく》）

2　初代の教義は「現代では通用しない」

いきなり幸福の科学を批判し始める谷口雅宣氏守護霊

谷口雅宣守護霊　うーん……。うーん……。うーん……。ううーん、（右手を顔の前にかざして）まぶしい！

斎藤　おはようございます。

谷口雅宣守護霊　ううん？　何？　何？

斎藤　生長《せいちょう》の家《いえ》三代目総裁、谷口雅宣さんの守護霊様でいらっしゃいますでしょうか。

谷口雅宣守護霊　うーん……。谷口だけども、うーん、まあ、言ってることが全部は分からない感じがするなあ。

斎藤　ああ、そうですか。ここは、宗教法人幸福の科学　教祖殿《きょうそでん》　大悟館《たいごかん》という場所でございます。

谷口雅宣守護霊　ああ……。うん、まあ、うん、うん、うん。ああ、ああ、ああ、幸福の科学か。

斎藤　はい。本日は、お越《こ》しくださいまして、本当にありがとうございます。

谷口雅宣守護霊　幸福の科学か。ほんっとに、虚栄心《きょえいしん》の強い団体だよなあ。もう宣《せん》伝《でん》ばっかりして。ええ？　あれは初代のまねしているんだよ、うちの。出版宗教をして、宣伝ばかり、広告ばっかりして。

斎藤　今日は、さまざまにご感想を述べていただきたいと思いますけれども。

谷口雅宣守護霊　ヘッ！　まねするなよ。

斎藤　はい。実は、お越しいただきまして、ぜひ、お話を伺《うかが》いたいと思ったことがあります。

谷口雅宣守護霊　うん、うん、うん。

斎藤　過日（二〇一六年六月九日）、宗教法人生長の家が、今夏《こんか》の参議院選挙に対する生長の家の方針として、「与党《よとう》とその候補者を支持しない」と発表しました。

谷口雅宣守護霊　勝手じゃない。そんなの勝手でしょ？

斎藤　ええ。勝手なんですけれども（苦笑）。

谷口雅宣守護霊　うちの勝手じゃない。おたくに何の関係がある？　関係はない。

斎藤　それが朝日新聞等にも掲載《けいさい》されましたし、週刊誌でも取り上げられております。

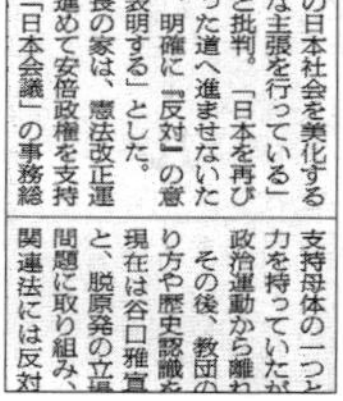
「与党支援せず」
生長の家表明
首相の姿勢を批判
宗教法人「生長の家」は9日、安倍晋三首相の政治姿勢に反対し、参院選で与党とその候補者を支持しな
時代の日本社会を美化するような主張を行っている」などと批判。「日本を再び間違った道へ進ませないために、明確に『反対』の意思を表明する」とした。
生長の家は、憲法改正運動を進めて安倍政権を支持する「日本会議」の事務総
支持母体の一つと
力を持っていたが
政治運動から離れ
その後、教団の
り方や歴史認識を
現在は谷口雅宣
と、脱原発の立場
問題に取り組み、
関連法には反対

文化・文芸
宗教と政治　うつろう関係
生長の家　参院選で与党支持せず
反左翼からエコ　様変わり
戦争・現実主義…理由は様々

「生長の家」は今夏の参院選において、与党とその候補者を支持しないとする方針を表明。それを報じる6月11日付朝日新聞（左）と16日付同紙（右）。

谷口雅宣守護霊　それは、いいことじゃない。どうした？

斎藤　さらに、昨日《さくじつ》（六月二十二日）には、それに付け加えて、「不支持政党を追加」という声明を発表されました。

谷口雅宣守護霊　うん。

斎藤　「憲法改正を急ぐ『おおさか維新《いしん》の会』、および安保《あんぽ》関連法案に賛成した政党（自民党、公明党、日本のこころを大切にする党、日本を元気にする会、新党改革）とその候補者を支持しないことを表明します」と。

谷口雅宣守護霊　細《こま》かいなあ。

斎藤　昨日、教団の公式ホームページで、そう追加をされていらっしゃいます。

谷口雅宣守護霊　幸福実現党、入ってないよ。

斎藤　（苦笑）

谷口雅宣守護霊　ああ、そうか。君たちは、まだ政党じゃないんだ。アハハハハハハ……（笑）。残念だったなあ。わしが言ってやれば、それは、有名になれたのになあ。惜《お》しいことしたなあ。わざと外《はず》したんかもなあ。アハハハハハ……（笑）。

質問者に対して「きもい」と連呼《れんこ》する

斎藤　いや、ただですねえ、初代の谷口雅春《まさはる》総裁のお考えや教えと真《ま》っ向《こう》から反対するようなことになっております。そのあたりにつきまして……。

谷口雅宣守護霊　時代が変わったんだよ。君ねえ、「真っ向から反対」なんてねえ、これは同時代ならあるけど、時代がもう何十年も違《ちが》うんだから。そんな、「真っ向から」なんて、（初代とは）年幾《いく》つ違うのよ。ええ？　六十ぐらい違うんだからさあ。そんなもん、「戦前の考え」が通用するわけないでしょう！

斎藤　なるほど。

谷口雅宣守護霊　真っ向から反対なんかしてませんよ。もう、世の中が変わったのよ。

斎藤　はい。そのあたりのですね、まあ、時代的変遷《へんせん》のなかで、どのように雅宣総裁の守護霊様が、お考えになっているのかを……。

谷口雅宣守護霊　おまえの言い方、すっごい、くどくて、何か嫌《いや》な感じするなあ。
おまえ、宮内庁《くないちょう》行け。

斎藤　（苦笑）いや、他教団の総裁の守護霊をお呼びしているわけですから。

谷口雅宣守護霊　何かねえ、オカマみたいで嫌なんだよ、言い方が。

斎藤　（苦笑）オカマですか。

谷口雅宣守護霊　すごい、〝きもい〟なあ。

斎藤　ありがとうございます。そうやって鍛《きた》えていただけて。

谷口雅宣守護霊　きもいわあ。六本木《ろっぽんぎ》あたりに勤めたらええわ。

斎藤　（苦笑）まあ、これは「公開霊言《れいげん》」でございますので、個人的な人格表現のところについてはちょっと……。

谷口雅宣守護霊　きもい。きもい。きもい。君ね、真っ当な日本人として、真っ当な言語を使って、真っ当な態度で接しなさいよ。

斎藤　分かりました。今のご要望を受けましてですねえ、これからですねえ……。

谷口雅宣守護霊　オカマだ、ほら。

斎藤　（苦笑）またそのような……。まあ、このへんは流させていただきます。

谷口雅宣守護霊　うーん。

質問者の「先生」という言葉に大きく反応する

斎藤　こちらに質問者が二人おります。まず、大川真輝・幸福の科学専務理事 兼《けん》事務局長です。

谷口雅宣守護霊　ふうーん。

斎藤　そして、もう一人は、産経新聞の……。

谷口雅宣守護霊　うん？　嫌な……。

斎藤　元記者で、現在、「ザ・リバティ」編集部の編集長をしている綾織です。

谷口雅宣守護霊　ああ、身分《みぶん》を落としていった人だな。うーん。分かった、分かった。

斎藤　お訊《き》きしたいことは山ほどありますので、この二人のほうから……。

谷口雅宣守護霊　君らの相手なんかするような私じゃないから。世界的に有名な私だからねえ。

斎藤　はい。（質問者に）それでは、どうぞ。

大川真輝　先生、まずですねえ。

谷口雅宣守護霊　うん？　「先生」？　もうちょっと大きい声で、もう一回言える？

大川真輝　ああ、雅宣総裁ですね。

谷口雅宣守護霊　うん？　うん、うん、うん、うん、うん。

大川真輝　まず、「教えの継承《けいしょう》」というところからお話をお聞きしたいと思います。

谷口雅宣守護霊　うん、うん、うん。

大川真輝　先生の、おそらく……。

谷口雅宣守護霊　先生っ！

大川真輝　ああ、総裁の……。

谷口雅宣守護霊　うん！　いい。もっと大きい声で。「先生」って言うときには、もうちょっとはっきり言ってくれるかい。

大川真輝　（苦笑）総裁の立場としては、まあ、「時代が変わった」と。

谷口雅宣守護霊　うーん。

大川真輝　「時代が変わった。そして、教えというのはそもそも不立文字《ふりゅうもんじ》でつかむものだ」と。

谷口雅宣守護霊　それは、そうでしょう。「先生」なんだから、「先生」なんだから。

初代総裁に対する屈折《くっせつ》した思い、反抗《はんこう》したくなる思いがあるのか

大川真輝　その論をさらに進めるとなると、「教えの神髄《しんずい》は文字でつかむものではないので、文字で遺《のこ》っているものを必ずしも遵守《じゅんしゅ》する必要はないんだ」というような発想になるかと思います。

谷口雅宣守護霊　それは、そうだよ。谷口雅春は、「平成」を知らないんだからさあ。それはしょうがないじゃない。

●不立文字　もともとは禅宗用語で、文字によらず、心から心へ直接に悟りの内容を伝授する方法のこと。

大川真輝　また、「開祖を尊び敬愛するあまり、開祖の説かれた真理や実在・一挙《いっきょ》一動《いちどう》を、そのまま守ろうとするのは、原理主義なんだ」というようにもおっしゃっています。

谷口雅宣守護霊　そのとおりじゃない。そのとおりじゃない。うん。

大川真輝　さらに、「それは一種のカルトである」というように、雅宣総裁はおっしゃっていました。「一見〝信仰《しんこう》的〟であるように見えても、それは開祖という『人』についた信仰だから一種の『カルト』だ」と。

谷口雅宣守護霊　それは、何？　生長の家を、「カルト」って言ってるのか？

大川真輝　原理主義的に……。

谷口雅宣守護霊　ああ、原理主義的だったら、カルトだ。原理主義がカルトだと言ってるのね？　「生長の家は、カルト」とまで言ってる？

大川真輝　まあ、雅春総裁の教えを原理主義的に守るのは「カルト」なんだと。

谷口雅宣守護霊　うん、雅春さんの……、彼の思想を原理的に守ったらカルトになる。

大川真輝　カルトになる、と。

谷口雅宣守護霊　それを、「社会の変化」に合わせてよりよく〝解釈《かいしゃく》〟したら、カルトではない。

まあ、そういうことだな。ああー、分かった、分かった、分かった。それなら、いい。それは、そのとおりだ。

大川真輝　宗教の継承のあり方として、これは正しいんですかね。

谷口雅宣守護霊　それは、そうでしょう！　君だって、絶対そうなるよ。それは当たり前じゃないですか。時代が変わりゃあ、全然違いますよ。

大川真輝　うーん。

谷口雅宣守護霊　それは、そうでしょう。同じこと、言えるわけないじゃないですか！

例えば、日本の円がなくなってね、中国の元《げん》が日本の通貨になった場合ね。初代の総裁が、円についてあれこれ言ってたとかさ、初代の総裁が、外国為替《かわせ》をやって、円とドルの取引をやってたとかね、そういうのを話してたって、そんなの古い話になるから、元の話ばっかりになるでしょう。

そらあ、しかたないじゃん。経済について初代が言ったことは、削除《さくじょ》されるわな。当たり前だな。

大川真輝　「思想の変節」を「時代の変化」というかたちで説明されているんですけれど、やはりどこかご自身のなかに、初代の雅春総裁に対する屈折《くっせつ》したような思いとか、反抗《はんこう》したくなるような思いを持っていらっしゃるのかなと感じるのです。

谷口雅宣守護霊　いや、私も、もう還暦《かんれき》の年を超《こ》えてねえ、そんな、昔の人を嫉妬《しっと》したり、反発したりするような子供じゃありませんから。大人の考えとして、「間違っているものは正さなければいけない。正しい考えに戻《もど》さなきゃいけない」と、まあ、それだけのことですよ。

二代目・清超《せいちょう》総裁の時代から、初代の教えに修正をかけていた

大川真輝　ただ、宗教として、「初代の出された著作を、次々と出版停止にされていく」というのは、ほとんど聞いたことがない状況《じょうきょう》かなと。

谷口雅宣守護霊　いや、世の中の変化は今、すごく速くなってるからね。それはそうでしょう。企業《きぎょう》でもみんな、ねえ？　どんどんどんどんイノベーションしてるから。それを変えていかなかったら潰《つぶ》れちゃうよね。ほかのところに負けるからね。それは現代的に、〝アップ・トゥ・デイト〟（最新）にしてるわけよ。

大川真輝　うーん。

谷口雅宣守護霊　まあ、私は〝アメリカ帰り〟だからね。そういう「純粋《じゅんすい》国粋主義者の初代」とねえ、それはもうバックグラウンドが違うね。まあ、〝educational《エデュケーショナル》 background《バックグラウンド》〟（学歴）が全然違うからさ。当たり前じゃん、そんなの。

大川真輝　雅宣総裁から見られまして、初代の雅春総裁は、どういう方のように見えるのでしょうか。

谷口雅宣守護霊　うーん。いや、まあ、「昔の偉《えら》い人」ですよ。昔のね。「昔は偉い人」だよ。

だけど、使命は終わった。まあ、それだけのことだよ。

例えば、「松下幸之助《まつしたこうのすけ》は偉かった。しかし、今のパナソニックは言うことをきかない」。まあ、それと一緒《いっしょ》だよ。しかたない。時代が変わったんだ。

大川真輝　もう少し突《つ》っ込《こ》んでお訊きしたいんですけれども。雅宣総裁は、そもそも、雅春総裁の本を読んでおられますか。

斎藤　（笑）〝すごい質問〟ですね。

谷口雅宣守護霊　これはきついねえ。この質問はきつい……。

斎藤　いやあ、これはそうとうな（笑）。すごい角度からの、予想もつかない質問ですけれども。

谷口雅宣守護霊　この質問はちょっと……。まあ、それは、ちょっと〝きつい質問〟だね。これは、踏《ふ》み絵のような感じがするな。

斎藤　いや、私も同感です、それは。

谷口雅宣守護霊　あ、そうか。

斎藤　ええ。今、お話を聞いていて、「確かに、本当に経典《きょうてん》を読んでおられるのかな？」と……。

谷口雅宣守護霊　はっきり言えば、まあ、「読んでない」とは言えないけれども、「読むに堪《た》えないとは思っている」ということかな。

斎藤　読むに堪えない？

谷口雅宣守護霊　いちおうは、若いころというか、子供の時代から、少しずつ教育は受けてはおるが、まあ、父のほうがね、（二代目の）谷口清超《せいちょう》あたりから、だいたいもう半信半疑《はんしんはんぎ》ぐらいであったからさ。父親がもう……、いや、要するに、祖父に〝背《そむ》いてる〟というんじゃなくて、父親のレベルでもう、だいたい、谷口雅春の考えが〝半信半疑〟で。（谷口雅春が）生きてる間はある程度立てていたけども、だいぶ年を取ってからあとは、「これはもう、かなりボケたかなあ」というふうに見て、修正を少しずつかけていっていて。

その父が修正をかけようとしたのを、私が今、〝完成しよう〟としてるだけですからね。

「孫としても、祖父《じい》ちゃんの間違《まちが》いを正さないといかんでしょう」

大川真輝　講習会などでは大規模会場であってもパワーポイントを使われて、大学の講義のようにやられていると……。

谷口雅宣守護霊　いいじゃない。現代的で、いいじゃないですか。かっこいいじゃん。

大川真輝　教えについては、すごく申し訳程度に説明されるんですけれども、例えば、雅春総裁の光明《こうみょう》思想的な哲学《てつがく》ですとか、アメリカの光明思想を説かれた思想家の方々のあたりとかを、あまり勉強した形跡《けいせき》が……。

谷口雅宣守護霊　だって、「光明思想」でやって、戦争して負けたんでしょう？
それなら、反省すべきじゃない？　光明思想で駄《だ》目《め》で、「物量作戦」に負けたんでしょう？　アメリカの。
工業力を上げて、生産性を高めて、お金が豊かで

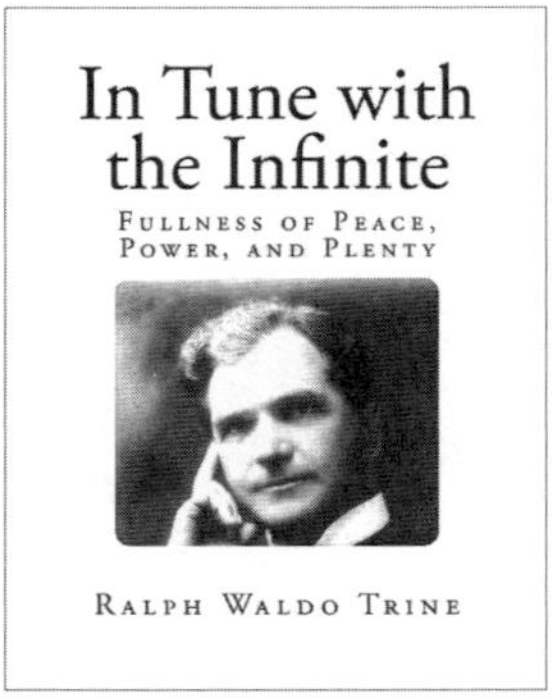

谷口雅春総裁は、エマソンに始まるニューソート系の成功思想に強い影響を受けており、その流れを汲むR.W.トラインやJ.E.アディントンなどの著作の翻訳も行った。写真は、R.W.トライン著『In Tune with the Infinite』（CreateSpace Independent Publishing Platform 刊）。

ないと、戦争に勝てないんでしょう?

そういうところに、「精神論」だけで、竹槍《たけやり》精神でぶつかって粉砕《ふんさい》されて、それで敗北したんでしょう?

それは当然ながら、三代目というか、孫としても、祖父《じい》ちゃんの間違《まちが》いを正さないといかんでしょう。

斎藤　「祖父ちゃんの間違いを正す」と言っておられるということは、「（初代・谷口雅春総裁は）間違っている」ということですか。

谷口雅宣守護霊　そらあ、そうでしょう。間違っとるでしょう。そらあそうでしょう。

いや、あのねえ、「生長の家」の教えって、もとの原理主義はね、「病《やまい》は気から」だけなんですよ。

だから、例えば、まあ、ここは電気があるけど、「電気なんかなくっても、明るいと思えば明るくなる」というような、そんな教えだからさ。ほどほどにしないと、現代では通用しないよね、はっきり言って。それは通用しないわなあ。無理です。

「二代目も私も、何も霊感《れいかん》は感じない」

大川真輝　例えば、「神想観《しんそうかん》」など、生長の家の儀式《ぎしき》がありますが、あれを雅宣総裁が行《ぎょう》じられて、何か感じられるものはあるんですか。

谷口雅宣守護霊　いや、それは、まあ、宗教には儀式はつきものだしな。皇室だってやってるからね。

だから、まあ、儀式は否定できないよ。儀式を否定したら、宗教の成立要件の一つを満たさないからね。「教祖」、「教義」、「儀式」、この三つが必要だから、いちおう儀式はやってるけど。

いやあ、私だけじゃなくて、谷口清超二代目総裁もそうだし、私もそうだけど、何にも感じないんで。へへッ（笑）。信者のなかには霊《れい》体質の人もいてね、「ああ、かかってきた」とか、「ビリビリ来る」とか言う人もいるんだけど、われわれは何にも感じないので（笑）。

まあ、儀式と見てるよ。ただの儀式。宗教的儀式としてはあっても、それはいいけどね。

大川真輝　「病気治し」で大きくなられた生長の家が、清超総裁、雅宣総裁、つまり二代、三代と、まったく病気が治らなくなったというお話も……。

谷口雅宣守護霊　あっ、ちょっとは……。いや、清超先生のときは、ちょっとはそういう体験発表は、まあ、「病気が治った」みたいなのはまだあったから、治ってないとは言えないけどね。

まあ、でも、治せはしなかったけども。

大川真輝　「●招神歌《かみよびうた》」などもあると思いますけれども。

谷口雅宣守護霊　ああ、そうだね。

大川真輝　あれを読まれて、〝神様が来られる感じ〟はありますか?

谷口雅宣守護霊　(大川真輝に)君、すごい細かいねえ。

大川真輝　(笑)

谷口雅宣守護霊　生長の家の信者?

●招神歌　「神想観」を行う前などに、生長の家の大神との一体感を深め、その守護を祈るために唱える四首の歌。

大川真輝　違います。

谷口雅宣守護霊　違う？　修行《しゅぎょう》したんと違う？

大川真輝　いや、勉強はしました。

谷口雅宣守護霊　うちの講習会、来てないか？

大川真輝　いや、勉強はしました。

谷口雅宣守護霊　そんなに年取ってないよな？

大川真輝　あ、はい。（教えを）かなり活字として遺《のこ》していただいているので。

「アニミズムこそ、日本の宗教のもと」と語る雅宣氏守護霊

谷口雅宣守護霊　ここは、生長の家の分派か？

斎藤　（苦笑）そんなことはありません。

谷口雅宣守護霊　ああ、原理主義？

斎藤　いえ。ただ、生長の家初代・谷口雅春先生のことは、先人《せんじん》として尊敬しておりまして、その教えはよく勉強しております。

谷口雅宣守護霊　分かった、分かった、分かった。谷口雅春……、彼の……。

斎藤　彼の？

谷口雅宣守護霊　彼の思想は（書店を通して）本で売ってたから、大川隆法が若いころ読んだけども、清超先生や私の本は、なかなか入手困難《にゅうしゅこんなん》であるから、あまり勉強しとらん、と。谷口雅春の〝昔〟のだけ読んでるから、基本的に原理主義になってしまう、と。

これが、幸福の科学なんだな？

斎藤　いえ、違います。

ところで、地上の雅宣先生が、「宗教目玉焼き論」というものを……。

谷口雅宣守護霊　あんまり響《ひび》きがよくないね。

斎藤　いやいや、この本（『宗教はなぜ都会を離《はな》れるか？』）に見出しで大きく「宗教目玉焼き論」と書いてあります。

谷口雅宣守護霊　いや、いや、「日時計《ひどけい》主義」っていうものはあるけど、「目玉焼き」は……。

斎藤　「宗教目玉焼き論」を、非常に精密に説いておられます。
宗教を卵の黄身《きみ》と白身《しろみ》にたとえていて、「黄身は普遍《ふへん》的な真理（実相）で、白身（儀式や様式）は工夫《くふう》の部分です」というような、そういう教えを説かれていまして、だから、時代や環境《かんきょう》が変わったら、白身に当たる宗教運動のところは、たとえクルクル変わったとしてもいいのだというような感じの論なのですが……。

谷口雅宣守護霊　君の言い方だと、なんか、すっごく〝いかがわしく〟感じる……。

斎藤　これは、分かりやすく言っているだけで……。内容としては、そのようにご著書に書いてあったので、そう理解しているのですが。

谷口雅宣守護霊　君ね、なんか、浅草《あさくさ》あたりで呼び込《こ》みやってる人みたい……。

斎藤　いやいやいやいやいや。

でも、私が思うに、先ほど、真輝専務が言っていましたが、「黄身の部分」まで変わってきているような気もするんです、「白身の部分」だけじゃなくて。

というのも、雅宣総裁は、『大自然讃歌《さんか》』とか、『観世音菩薩《かんぜおんぼさつ》讃歌』という、新たな〝経文《きょうもん》〟を、オリジナルでつくられまして。

谷口雅宣守護霊　いやあ、日本のね、オリジナルな教えはね、「自然との一体化」であって、「アニミズムこそ、日本の宗教のもと」だからねえ。だから、別に、黄身の部分は変わってないよ。

斎藤　いや、黄身の部分まで変わっていますよ。

谷口雅宣守護霊　いや、変わってない、変わってない。

斎藤　だって、『生命《せいめい》の實相《じっそう》』とか、出なくなってきているじゃないですか。

屋久島の渓流（鹿児島県）。豊かで美しい自然が残されており、亜熱帯から亜寒帯に及ぶ多様な植物が存在する。1993年に世界遺産に登録。映画「もののけ姫」の舞台モデルにもなった。

谷口雅宣守護霊　いや、『生命の實相』は、あれは、「山川草木《さんせんそうもく》すべてに、生命の實相が宿ってる」っていう考えだから、一緒じゃん。まったく変わってない。言い方が変わってるだけで。

斎藤　いやいや。まあ、詳《くわ》しい話は分かりませんけれども……。

谷口雅宣守護霊　うん、うん。君ら〝素人《しろうと》〟には分からないよ。

斎藤　いやいや（苦笑）。「詳しい話」というのは、そちらの内部的な運営の話ということですが、それについて、われわれは、あまり突《つ》っ込みませんけれども。

ただ、聞く話によれば、いろいろな裁判等でかなり不利になって、今、初代の雅春先生の教えの『生命の實相』とか、根本《こんぽん》の〝お経《きょう》〟である『聖経《せいきょう》・甘露《かんろ》の法雨《ほうう》』とかも、なかなか勉強しにくいような状況で、頒布《はんぷ》できないとか……。

●アニミズム　山や風、海や川、動物など、すべてのものに霊魂や精霊が宿っているとする、自然崇拝的な信仰形態。

谷口雅宣守護霊　まあ、いいよ。うんうん。

斎藤　また、地上の雅宣総裁ご自身も、初代の著作の一部の出版を〝止《と》めたりしている〟とも伺っておりますが。

谷口雅宣守護霊　カルト主義者たちが、昔の古い本を持って、勉強会をしたいっていうのは、まあ、それはしょうがないでしょう。

そういう人もいるでしょうけど、それはもういずれ年寄りばかりが死んでいくから。もうすぐ死ぬので。〝消える〟だろうから、「新しい教え」が遺るんだ。それでいいんだよ。

3　初代を「戦争犯罪人」と見ている？

なぜ、谷口雅宣氏は国際政治学の道に進んだのか

大川真輝　特に政治的な発信が、初代の発信とまったく〝真逆《まぎゃく》〟に振《ふ》れているような部分が見受けられます。

これは、おそらく、アメリカにご留学されたときに学ばれたことが、すごく影響《えいきょう》しているのではないかと思うんです。

谷口雅宣守護霊　うーん。いや、それだけじゃないよ。まあ、国際政治を勉強したら、やっぱり、朝日新聞の論説だよ、社説だよな。これに合わせなきゃいけない。

大川真輝　私の個人的な純粋《じゅんすい》な疑問なのですが、「生長《せいちょう》の家《いえ》」の三代目が、アメリカに留学するとなると、普通《ふつう》、心理学などを学んでくるはずのものなのではないですか。

谷口雅宣守護霊　いや、別に、何でもいいよ、それは。私は、国際政治学的にはねえ、本流というか、主流というかさあ、中心軸《じく》の勉強をして帰ってきているので、私の言っていることが正しいのであって。それは、戦前の宗教をつくった人の「政治哲学《てつがく》」がどうであるかって言うたって、それはまあ(笑)、聞くに堪《た》えないわなあ。

大川真輝　では、もともと国際政治とか、国際関係とかに、すごく興味があられた……。

谷口雅宣守護霊　いや、ちょっと〝頭がよすぎた〟ためにねえ。青学《あおがく》（青山《あおやま》学院大学）からずっと上がったんだけども、頭がよすぎたために、まあ、法学部へ行って、頭がよすぎたために、国際政治のほうへ行って。

そらあ、英語はね、父親も文学部だったしね。それから、お祖父《じい》さんも、英文にちょっと進んではいたりしたから、まあ、英語は使える家系ではあったので、そちらのほうに、まあ、国際的に開かれて。

で、初代は英語を使えて、外国の宗教文献《ぶんけん》を読んで訳したりしながら、それを取り入れたというけども、英語力があんまりマチュアー（成熟している）でないために、何て言うか、いいかげんな訳をして、いっぱい〝いいとこ取り〟だけして、自分たちの都合《つごう》のいいようにやったけども。

例えば、クリスチャン・サイエンスみたいなのをいっぱい入れてやっとるけども、やっぱり、今、アメリカのクリスチャン・サイエンスに対する評価とか、ちゃんと調べた上でやらないといけないよなあ。

●**クリスチャン・サイエンス**　1879年、メリー・ベーカー・エディによってアメリカで創設されたキリスト教系の新宗教。「科学者キリスト教会」、あるいは「キリスト教科学」とも称される。

だから、受け入れられないものもあるわな。

谷口雅宣氏にとって祖父の存在は恥《は》ずかしかった？

斎藤　（綾織に）編集長、どうですか？

綾織　国際政治学を学ばれたということなんですが、その奥《おく》に、何か経験されているものがあるのかなと思うんですけれども。

谷口雅宣守護霊　経験？

綾織　アメリカで勉強され、生活されるなかで、何か、つらい体験なのか分かりませんけれども……。

谷口雅宣守護霊　それはね、祖父《じい》さまが戦前、戦中、日本の国粋《こくすい》主義的な侵略《しんりゃく》主義に加担して、言えば、実際はＡ級戦犯《せんぱん》にならなきゃいけないような、それに分類されるような人であったということを知られることは、恥《は》ずかしかったわね、アメリカでは。

綾織　恥ずかしかった？

谷口雅宣守護霊　できるだけ隠《かく》さなきゃいけなかったんで。私の能力だけで（大学に）来たように見てもらわないと。「生長の家の……」って言われると、ちょっと恥ずかしいし。

アメリカへ行く前でも、青山学院にいても、まあ、キリスト教の学校だったから、海外と親和性はあったけども、「生長の家って、なんか古いなあ」、「変な名前」というような感じのことは言われたわなあ。

綾織　そうであるならば、ある程度、キリスト教的なよさを取り入れるとか、そういう方向に行くのかなと思いきや……。

谷口雅宣守護霊　取り入れたんだ。

綾織　ああ、そうなんですか。

谷口雅宣守護霊　キリスト教のよさを取り入れて、「政教分離《ぶんり》」、および、「グローバリズム」を……。

綾織　ああ。

谷口雅宣守護霊　キリスト教的にはグローバリズムを入れたんで、そのとおりだ。（生長の家の考えは）「万教帰一《ばんきょうきいつ》」だけど、今、キリスト教のほうが進歩してるから、そちらのほうの考えを主流的に入れたというだけのことだ。

綾織　でも、先ほどは、「アニミズムが日本の宗教のもとなんだ」と言われました。

谷口雅宣守護霊　ああ、まあ。

綾織　そういう意味では、昔に返っていってしまっている印象を持つんですけれども。

谷口雅宣守護霊　だけど、私の言ってることは、何？　新聞とかテレビとかで言ってるようなことと変わらないから、すごく〝現代的〟だわね。

綾織　うーん。

「谷口雅春《まさはる》を戦争犯罪人と見ている」と語る雅宣氏守護霊

綾織　少し話が元に戻《もど》るんですが、なぜ、そこまで、初代総裁に対して……、普通の親子関係であっても、父親に対して「彼」という言い方はしませんし、ましてや、宗教の一家であれば、「彼」という言葉は出てこないと思うんです。なぜ、そこまで屈折《くっせつ》したものがあるのですか。

谷口雅宣守護霊　まあ、英語で言えば「He《ヒー》」ですから、しょうがないでしょう。「He」でしょう。

綾織　（苦笑）それは、文法上はそうですけれども。

斎藤　いや、質問者は、「礼節」のことを訊《き》いているわけです。

谷口雅宣守護霊　うん？

斎藤　言い換《か》えれば、「尊敬の心がないのではないですか」ということです。

谷口雅宣守護霊　うーん。言えば、「戦争犯罪人」と見てるということですよ。

斎藤　えっ？　誰《だれ》を？

谷口雅宣守護霊　だから、いや、その……。

斎藤　〝お祖父ちゃん〟を!?　ああ、いけない（苦笑）。失礼しました。

谷口雅宣守護霊　うん。祖父ちゃんですよ。

斎藤　雅春《まさはる》先生を戦争犯罪人と？

谷口雅宣守護霊　安倍《あべ》総理とかは、岸信介《きしのぶすけ》、まあ、総理になった人だけども、ねえ？　巣鴨《すがも》プリズンに入って……。あれ？　Ａ級戦犯だかＢ級戦犯だか知らんけど、なんか戦犯だっただろ？

綾織　そうですね。

谷口雅宣守護霊　ねえ？　それなのにさあ、プリ

岸信介（1896 ～ 1987）
第 56・57 代内閣総理大臣。第二次世界大戦開戦時に重要閣僚であったことから、A 級戦犯被疑者として巣鴨プリズン（拘置所）に 3 年半勾留《こうりゅう》されたが、不起訴のまま無罪放免される。いわゆる「六〇年安保闘争」において、日米安全保障条約の改定を断行した。安倍晋三首相の祖父に当たる。

ズンに、拘置所《こうちしょ》に入っとって、〝戦争協力人〟でしてたのが、娑婆《しゃば》に出てきてから、総理大臣になるなんて。ああいう、いかがわしい行為《こうい》をやっていて、それを恥ずかしげもなく、何と言うのか、まあ、自分らはその血統を継《つ》いでるから、総理の資格があるみたいな。利用したじゃない、ね？　彼なんかは。

私は、そういうねえ、良心に反することはできないわけですよ。そういうね、戦争犯罪人の孫は〝小さくなって〟なきゃいけないわけで。

いや、積極的には、光明《こうみょう》思想で行けば、その戦争犯罪を犯《おか》したことに対して「謝罪」して、乗り越《こ》えていくことこそ、それを超克《ちょうこく》していくことこそ、「光明思想」なんですよ。

「犯罪人だと認めることから宗教は始まる」？

斎藤　確かに、雅春先生は、戦後、公職追放というか、パージされまして。

谷口雅宣守護霊　うん。そうですよ。

斎藤　そういう期間もありましたけれども、ただ、そのあと、「愛国運動」というものを起こされました。生長の家の全組織で取り組み、広く国民を啓蒙《けいもう》されながら、「建国記念の日（二月十一日）」の制定に働きかけたり、「元号《げんごう》」の法制化の推進で、政治面でグイッと後押《あとお》しして実現したりとか、日本の伝統を根づかせるための「日の丸運動」とか、そういう「愛国運動」を強力にされまして、大きな影響力を出され、日本の文化を支える〝大きな山脈〟になっております。

谷口雅宣守護霊　やっぱり、君らは原理主義のダミ

戦後初の「建国記念の日」を祝う人々（東京・日比谷野外音楽堂。1967年2月11日撮影）。全国約600カ所で祝賀行事が行われた。「建国記念の日」の制定は、生長の家が積極的に行った活動の一つだった（紀元節復活運動）。

ーだな、これはな。ダミー団体だな。

斎藤　いや、それに対して、「犯罪人」ということで切って捨てて、「それを乗り越えることこそ」というのが、〝光明思想〟なんですか？

谷口雅宣守護霊　犯罪人だと認めることから、宗教は始まるんですよ。

斎藤　お祖父《じい》さまというか、創始者は「犯罪人」なんですか？

谷口雅宣守護霊　犯罪人ですよ。戦争犯罪人ですよ。当然でしょう。これは国際政治学的に見ても、ファシズムの片棒を担《かつ》いだ以上は犯罪人です。

斎藤　今、国際政治の話になりましたが、ご生前、「大東亜《だいとうあ》戦争は聖戦《せいせん》だ」ということを雅春総裁は言っていましたが。

谷口雅宣守護霊　そんな、「侵略戦争」に決まってるじゃないですか！　これはもう、彼（谷口雅春）のね、時代認識、地理的な認識、世界的な政治の認識が足りなかったから、それを「聖戦だ」と言えたけど。民族主義が強すぎたために、そう見えただけで、世界の情勢をよく見てたら、それは日本の侵略犯罪であることはもう明らかですよ。

「父親の代から、政治思想は変わってきていた」

谷口雅宣守護霊　（斎藤に）君、おかしい顔するなあ、もう。

斎藤　おかしい顔ですか？　いや、いや。今、魂《たましい》が受け止め切れないぐらい驚《おどろ》いて……（苦笑）。

谷口雅宣守護霊　君、百面相《ひゃくめんそう》か何かで、飯《めし》を食ってるんじゃないの？

斎藤　いいえ（苦笑）、そんなことはないですから。

谷口雅宣守護霊　〝一人パントマイム〟をするといいよ、君。

斎藤　衝撃《しょうげき》が強すぎて、ちょっと今……。

谷口雅宣守護霊　何？　私の頭がよすぎるから分からない？　言ってること。君、もうちょっと私より若いんじゃないのか？　少しは。そんなに若くても分からない？

斎藤　三代目の守護霊の発言とは、ちょっと思えませんが……。

谷口雅宣守護霊　君、新聞を読んでないんと違《ちが》うか。

斎藤　いやあ、ちょっとどうでしょうか？

大川真輝　おそらく、（谷口雅宣氏が）産経新聞に入社されたあたりでは、（谷口清《せい》超《ちょう》氏は）「保守的な政治思想を持ってもらいたかった」という思いはあったと思うのですけれども。

谷口雅宣守護霊　まあ、親はそう思ったかもしらんがな。

大川真輝　清超総裁は、いちおう「中島《なかじま》飛行機」出身で、戦闘機《せんとうき》をつくっていた方なので、信条的にはまだ保守のほうにも足を置いておられたのではないかと思います。しかし、政治信条のところが、三代目からクルッと変わってしまっているように思います。

谷口雅宣守護霊　うーん。政治思想は、（二代目の）父親のときからだいぶ変わってはきてたけどねえ、もう。

大川真輝　まあ、それは確かにそうですね。

谷口雅宣守護霊　でも、婿《むこ》養子だったからね、父はね。谷口雅春の一人娘《むすめ》に婿養子で入ってたから。（谷口雅春が）権力を持ってる間は、やっぱり逆《さか》らえなかったから、少しずつ少しずつ、なし崩《くず》し的に変えていった。時代の変化に合わせて変えていこうと、努力はしてたわなあ。

4　「現代のメシアの仕事」はCO_2削減《さくげん》？

「〝炭素ゼロ〟運動」と「脱《だつ》原発」で目指す世の中とは

大川真輝　歴史認識のあたりは、この間《あいだ》も初代総裁にお話しいただいたんですけれども（前掲《ぜんけい》『生長《せいちょう》の家《いえ》 創始者　谷口雅春《まさはる》に政治思想の「今」を問う』参照）、今の生長の家が最も目指されていることとして、「〝炭素ゼロ〟運動」というものがあります。

谷口雅宣守護霊　うん、うん、うん、うん。

大川真輝　要するに、「教団が排出《はいしゅつ》するCO_2を削減《さくげん》して、これをなくすのが最も大切なことである。電

「地球温暖化説」の矛盾点を指摘し、逆に地球寒冷化の可能性を示唆した『夢のある国へ──幸福維新』（幸福の科学出版刊）。

力は、できれば太陽光発電等で百パーセントつくらなければいけない」というような運動です。

谷口雅宣守護霊　すごいねえ。

斎藤　これは「宗教の教え」なのですか？

（苦笑）

谷口雅宣守護霊　いや、〝斬新《ざんしん》〟で、〝新しい宗教〟じゃないですか。

大川真輝　そのように、「CO_2を排出して

「CO_2温暖化説」に異を唱えるとともに、世界的なCO_2排出削減運動がもたらす負の影響を指摘する記事が掲載された、月刊「ザ・リバティ」2009年9月号（幸福の科学出版刊）。

はいけない」という信条は、一つ言われています。
もう一つは、「原発を使ってはいけない」ということです。

谷口雅宣守護霊　うーん、それは時代の〝最先端《さいせんたん》〟ですね。

大川真輝　「脱《だつ》原発」をすごく主張されています。

谷口雅宣守護霊　うん、うん、うん、うん。

大川真輝　この流れで行きますと、「火力発電も原子力発電もやってはいけない」ということになりませんか。

谷口雅宣守護霊　いや、太陽の恵《めぐ》み……、天照大神《あまてらすおおみかみ》様か何か知らんけど、その恵みだけで生きていけば、それでいいじゃない。原始の日本はそうだったんだから。

大川真輝　普通《ふつう》のアカデミズムの世界を歩まれて、国際政治を勉強された雅宣総裁なら分かると思うんですけれども、この場合の「エネルギー問題の解決」について、国家としてはどうするのですか。

谷口雅宣守護霊　だから、「それ（太陽の恵み）で行ける」ように努力すべきですな。まあ、君は、「中国やインドが原発をつくっている」と言うかもしらんが、そういう、あとから来た国がね、大きな人口を養うために、「放射能汚染《おせん》があろうがなかろうが、電気は欲《ほ》しい」ってのは分からんことはない。

だけど、日本はそういう時代を、もう通り越《こ》したんだからさ。これから人口が減っていくなかで、先進国として、北欧《ほくおう》型みたいに生き延びていかなきゃいかんわけだから。できるだけクリーンエネルギーを使いながら、健康に害がないような生き方をする。

だから、生長の家的な「病気治し」なんてのは、ほとんどインチキだから、そんなの信じちゃいけないんで。

斎藤　（苦笑）〝インチキ〟ですか。

谷口雅宣守護霊　やっぱり、なるべく環境《かんきょう》をクリーンにすることによって、環境の力で、人間を〝クリーンな体〟で長生きできるように……。

まあ、あんまり長生きしてもいけないんだけども。長生きすると老害が起きるからね、初代みたいに。

ただ、あんまり長生きしちゃいけないんだけど、ほどほどに長生きしながら、満足して死ねるような世の中をつくるのはいいんだな。

「現代のメシア」のあり方を語る谷口雅宣氏守護霊

谷口雅宣守護霊　だから、二酸化炭素排出は二十世紀の末ごろに、みんなが声を上げていってねえ。ホッキョクグマだって、もう生存が危ない。南極の棚氷《たなごおり》だって、どんどん崩《くず》れている。地球は海面があと十メートル上がったら、海岸辺《へん》にある世界の大都市は、みんな水没《すいぼつ》するんだから。それを防止するっていうのは、宗教的に言えばメシアの仕事じゃないですか。ね？「現代のメシア」は、そういう人なんですよ。

ゴア副大統領のあれ、観《み》たかい？　環境の……。

斎藤　「不都合《ふつごう》な真実」ですか。映画の……。

谷口雅宣守護霊　そう、そう、そう、そう。「不都合

映画「不都合な真実」は、2006 年にアメリカで公開されたドキュメンタリー映画。アメリカ合衆国元副大統領のアル・ゴア氏が、過去の気象データや温暖化により変化した自然の様子などを交え、地球温暖化対策の必要性を訴えた。（2007 年日本公開／ UIP）

な真実」。映画にもなった。あれこそ、現代のメシアのあり方なんだよ。

大川真輝　確かに、今、本部のほうを山梨《やまなし》に移されましたが、山梨は二月にはすごい大雪が降るらしく、町の人は非常に困るということで、生長の家本部の方が近隣《きんりん》の町に出ていって、雪かきをしているそうです。

谷口雅宣守護霊　君、細《こま》かく、よく知ってるねえ。

大川真輝　それで、道路から雪をしっかりと除いたときに、町の方からは、まるで救世主が来たかのように喜ばれたらしいのです。

COP14（国連気候変動枠組条約第14回締約国会議）のなかで、地球温暖化問題について演説するアル・ゴア元米副大統領（2008年12月12日撮影）。

谷口雅宣守護霊　君、ジャーナリストか？

大川真輝　（笑）それが、教団のとても良いニュースのようなかたちで紹介《しょうかい》されていたと思います。

谷口雅宣守護霊　そんなのはね、町内誌でも読まないと分からないんだがな。

大川真輝　雪かきで協力されて、〝町を救った〟わけです。

谷口雅宣守護霊　それは素晴《すば》らしいね。「宗教の原点」だね。

大川真輝　そうですね（笑）。これが、生長の家のグッドニュースとして伝えられています。

谷口雅宣守護霊　国際ニュースなんだな。

大川真輝　国際ニュースとしてですね？（笑）

谷口雅宣守護霊　うん、うん。

大川真輝「山梨の町を救った」という……。

谷口雅宣守護霊　〝国際本部〟だからね。（斎藤に）何かおかしいかね？　君の顔のほうが、よっぽどおかしいんじゃないか。

斎藤　（笑）いや、いや、いや。でも、ちょっと今、驚《おどろ》きで……。

谷口雅宣守護霊　これ、写真、映像で撮《と》ってないんじゃない？　君の顔の変化は。

斎藤　いえ、いえ、いえ（苦笑）。

谷口雅宣守護霊　君ら、なんで笑うの？　ニコニコと。

綾織　（笑）いえ、いえ。

谷口雅宣守護霊　なんで私の〝高邁《こうまい》な思想〟が分からないの？

綾織　そうですね。ちょっと分かりにくいところはありますね。

谷口雅宣守護霊　分かりにくい？　おかしいなあ。

アメリカの消費文化にある害とは

綾織　やはり、現代文明というものはなくなっていって、「原始生活に帰っていく」のがいちばんいいというお考えですか。

谷口雅宣守護霊　だからね、アメリカ留学して、私がアメリカに完全に洗脳されたような言い方を君らはするけれども……。いや、それは影響《えいきょう》は受けたものもあるが、否定してるものもあるわけで。アメリカの「消費文化」のなかには、とっても人類に害があるものがあるしね。

また、アフリカとか、その他ね、後《おく》れた国で食糧《しょくりょう》難で苦しんでる人たちもいっぱいいるけれども、先進国が贅沢《ぜいたく》して浪費《ろうひ》してね、そういう食糧を無駄《むだ》に捨ててる。

それから、二酸化炭素をいっぱい出して世界を汚染して、これから出てくる人たちに、負の遺産を遺《のこ》すっていうことは、やっぱりよくないことでしょ？　だから、そういうことをやってるわけで、全部アメリカを〝丸受け〟してるんじゃなくて、私はそれを日本的に翻訳《ほんやく》し直しながら、今、「現代的な教え」に組み立て直してるわけよ。

綾織　そうかといって、そういう豊かさを全部否定して、原始生活に帰って、森のなかで生活しようというのは……。

谷口雅宣守護霊　君の、この何と言うか、その唇《くちびる》の笑い方、どうも気に入らないんだけど。こっち（斎藤）のオカマと一緒《いっしょ》で、なんか君も嫌《いや》な、いやらしい感じなんだけど。

綾織　まあ、それは、ちょっと……。

谷口雅宣守護霊　なんでそんな笑い方するんだ、この宗教の人は。

斎藤　（苦笑）ただ、今の論点ですが、谷口雅宣氏は、「経済的豊かさが人を信仰《しんこう》生活から遠ざけるという問題がある」というようなことも、ご著書などでは、はっきりと明言《めいげん》されております。

谷口雅宣守護霊　まあ、ある意味で、そのとおりだな。

斎藤　なぜ、豊かさが人を信仰生活から遠ざけるんですか。そこがよく分からないのですけれども。

谷口雅宣守護霊　それはそうですよ。やっぱりねえ、「豊かさ」、「物質主義」が蔓《まん》延《えん》しすぎると、神様が〝かたちだけ〟になってねえ、本心から信じてない人が増えるっていうのは、それはそのとおり。これは、アメリカで私も観察していたとおりだから、そのとおりだ。だから、あんまりそんなに（経済的豊かさに）行かないほうが、いいことはいいんだよ。

「初代の『無限供給《きょうきゅう》』の教えは詐欺《さぎ》」と批判する雅宣氏守護霊

大川真輝　雅春総裁の「無限供給《きょうきゅう》」の教えはどうなってしまったのでしょうか。

谷口雅宣守護霊　嘘《うそ》は教えちゃいけないよ。

大川真輝　（苦笑）

斎藤　えっ、「無限供給」の教えが〝嘘の教え〟なんですか。

谷口雅宣守護霊　嘘に決まってる。嘘に決まってる！

斎藤　そんなバカな……。

谷口雅宣守護霊　セブン－イレブンだって、供給するために、ちゃんと工場をつくってますよ。つくらなきゃ、そりゃ供給できませんよ。

だから、天から無限に降ってくるなんて、これはもう詐欺《さぎ》・騙《かた》りの類《たぐい》であって、金を出させて、「無限に供給されますから」みたいなことを言って。これは詐欺ですよ、はっきり言って、現代的には。やっちゃいけないですよ。これは戦前だからこそ通じたんであって、今やったら詐欺で、（腕《うで》に手錠《てじょう》をかけるしぐさをしながら）〝ガッチャンガッチャン〟ですよ。

斎藤　（苦笑）だから、「教え」を止《と》めたんですね。

谷口雅宣守護霊　〝ガッチャン〟ですよ。当ったり前でしょう。君らだって、「お金を出しなさい。百万円を出したら、一千万円になって返ってきます」って言って金を集めたら、やっぱり詐欺ですよ、これは。現代でも、はっきりと。

斎藤　「心の世界」は、どこに行ってしまったんですか。

谷口雅宣守護霊　いや、私は法学部ですからねえ。

斎藤　心は、どこに行ってしまったんですか。

谷口雅宣守護霊　ええ？　青山《あおやま》学院の法学部を出てるんですからね。

斎藤　いや、いや、分かりますけど（苦笑）。

谷口雅宣守護霊　君らみたいなねえ、低学歴と一緒じゃないの。

斎藤　目に見えない世界の法則や心の世界は……。

谷口雅宣守護霊　そんな、目に見えないものは見えないんだ。しょうがない。

斎藤　えっ⁉

谷口雅宣守護霊　見えないものは、「ない」のと一緒なの。

斎藤　いや、いや、いや、いや。ちょ、ちょ、ちょっと……。

綾織　な、ないんですか!?

谷口雅宣守護霊　「ない」のと一緒なんで。方便なんだよ。一種の方便。
まあ、心にも法則はある。確かに心理学で「法則はある」とは言うけれども、科学的じゃないわな。そりゃ、「あると思えばある。ないと言えばない」っていう。
だから、ルールで言えるのは、「トヨタの工場みたいに組み立ててつくれば、ちゃんと車が一台できる」っていう、これは法則だけれども、「心のなかで車を描けば、車が出てくる」なんて、そんなのはありえないよ。バカバカしい。

5　谷口雅宣氏守護霊の宗教観を訊《き》く

生長《せいちょう》の家《いえ》が「公称《こうしょう》人数」を減らした理由

綾織　先ほどのお話に出てきたアメリカの消費文化については、「右の唯物論《ゆいぶつろん》」という表現をされていて、さも唯物論と対決しているように書いてあるものがありました。しかし、見えないものは、「ない」のと同じなわけですか。

谷口雅宣守護霊　いや、「日本が、今、消費税を上げて不況《ふきょう》になる」とかいう話もあるけど、アメリカは、「消費は善だ」と思ってるからね。日本は、「消費は悪だ」と思ってる文化が長いからねえ。

だから、「消費を善」と考えるから、物質的な「無限供給」を工場生産によってやろうとしていて、それがアメリカの主義だわな。だけど、日本は物を大切にするからさ。そこまで物質を浪費《ろうひ》する文化は築けないからね。やっぱり、それはある程度のところで中道《ちゅうどう》を選ばないといかんのじゃないかねえ。

綾織　唯物論に反対していますか？

谷口雅宣守護霊　うーん、まあ、都合《つごう》によってね。

綾織　都合によって……（苦笑）。

谷口雅宣守護霊　都合によっては、そういうこともあるわねえ。

綾織　都合によっては反対しない？

谷口雅宣守護霊　いや、だから、生長《せいちょう》の家《いえ》の月刊雑誌も何種類もあってね。初代のときでも六種類つくってて、それをいっぱい刷って、撒《ま》きまくってたけど。だけど、まあ、それはやっぱりねえ、南洋材《なんようざい》？　熱帯雨林を切り倒《たお》してねえ、そうしてインドネシアあたりからいっぱい運んできて。向こうの山が裸《はだか》だな、完全にね。もう、裸の山をいっぱいつくって、環境《かんきょう》問題、次は土砂崩《どしゃくず》れからね、地球温暖化にもつながるようなことをいっぱいやって。パルプを紙にして、これで生長の家の月刊雑誌を何種類もつくって配りまくって、それで、「宗教運動」ってやってたけど。

（綾織に）君のところの「ザ・リバティ」がまったく無駄《むだ》なのと一緒《いっしょ》のように、紙の無駄遣《づか》いで。まあ、海外の輸出の収入にはなるんだろうけれども、そういうことはする必要はないと。

●**生長の家の月刊雑誌**　谷口雅春氏が初代総裁を務めていたころの生長の家は、「生長の家」「光の泉」「白鳩」「理想世界」「理想世界ジュニア版」「精神科学」の6つの月刊雑誌を発行していた。

だから、今、電気文化だから、電子で発信すれば済むし、生長の家の雑誌も一誌あれば十分で、あとはもう要《い》らないということで、公称《こうしょう》人数も減らしたわけで。それは、私は、地球に優《やさ》しい文化をちゃんと確立したっていうことだよね。

「自然を愛することは大事なこと」

斎藤　月刊誌の話も出ましたが、今、生長の家には、「いのちの環《わ》」と「白鳩《しろはと》」と「日時計《ひどけい》24」という月刊誌があるんですけど……。

谷口雅宣守護霊　（斎藤に）あっ、君も本当に悪いことしてるんだ！　月刊誌をいっぱいつくって。

斎藤　いや、「日時計24」の今月号（7月号）では、「自転車で出かけよう！」という〝大特集〟を組んでいます。

谷口雅宣守護霊　そうだ。いいことだ。いいことだ。

斎藤　「自転車は、自然を愛する方法の一つ」と書かれています。

谷口雅宣守護霊　そう、そう、そう。いいことだ。いいことだ。

斎藤　ただ、見出しには「自転車で変わる、わたしと世界」とありますが、ものすごく自転車を愛する……。いや、自転車会社の方には申し訳ないのですが……。

谷口雅宣守護霊　いや、自民党の、あの、●谷垣《たにがき》（禎一《さだかず》）も……。

斎藤　いや、〝大切な話〟だとは思いますが、ただ、宗教法人の教えで「自転車で

●谷垣（禎一）も……。　谷垣禎一・自民党幹事長は、政界でも有名な自転車愛好家で、日本サイクリング協会や自転車活用推進議員連盟の会長を務めている。

変わろう」とか「自転車で自然を愛そう」というのは……（苦笑）。

谷口雅宣守護霊　いや、それは、実に実にいいことですよ。それはねえ、自転車はいいですよ。排気《はいき》ガスを出さないし、健康になるしね。

斎藤　もちろん大切なことではありますが、あなた様は、どういう霊的《れいてき》な指導を受けているんですか（笑）（会場笑）。

谷口雅宣守護霊　いや、それは私だけでなく、父も、そういう傾向《けいこう》はちゃんと持ってましたよ。山や自然を愛するってことは、大事なことですからね。

斎藤　ええ。私も大切なことではあると思うんですよ。ただ、「白鳩」では「地球を愛する心美人たちへ」とか、「いのちの環」では「自然と人との調和を目指す」

とか、「環境」をテーマにしたタイトル、それ一点なんです。

谷口雅宣守護霊　いや、君、笑ってるけどねえ……。

斎藤　いえ、笑ってないです。

谷口雅宣守護霊　君の頭がね、〝頭が腐《くさ》ってる〟んだよ。

斎藤　いや、いや、いや、いや。腐ってるかもしれませんが……。

谷口雅宣守護霊　あのねえ、「環境問題」は、世界の〝最先端《さいせんたん》の問題〟なんですよ。

斎藤　いや、分かりますよ。私も真剣《しんけん》です。

谷口雅宣守護霊　環境を護《まも》らないと、未来の人類は存在できないんですよ。分かってますか？　君ら、罪を犯《おか》してるのを知ってるか？

斎藤　えっ、罪ですか？

谷口雅宣守護霊　だから、罪を犯し続けてるの。君が月刊誌をいっぱい刷りまくって、本をいっぱいつくりまくって。大川隆法の本なんか要《い》りゃあしないのに、年一冊出せば十分なのに、何十冊出してんだ、いったいねえ。

斎藤　多いときには、年間三百冊以上、出ました。

大川隆法の著作は、2014年には1年間で346冊（宗教法人刊を含む）を発刊し、『正義の法』で累計発刊点数2千冊を突破。そのうち、公開霊言シリーズは390冊を超えている（2016年6月現在）。

谷口雅宣守護霊　これは、熱帯雨林が全部サバンナに変わって、次は砂漠《さばく》になって、地球は本当に火星みたいな星になるんだよ？　君が早く発行を止《と》めなければ、地球は救えないよ。あんた、大川隆法の本なんか、こんなに要らないわけだから。一冊ありゃあいいんじゃない。

「霊《れい》を感じる」のは迷信家《めいしんか》なのか

斎藤　ただ、宗教が環境問題ということで、そこまで心を完全になくして、環境的なものだけに入るというのは、いったいどのような霊的《れいてき》な考え方を持っているのでしょうか。

谷口雅宣守護霊　いや、〝未来宗教〟なんだよ、われわれは。君らが理解できないだけなんだよ。君らは環境破壊《はかい》しながら、今、進んでるから。私たちは、その先にいるからね。分からないんだよ、それが。

斎藤　霊的にインスピレーションを受けるときに、何か感ずるものなどはあるんですか。例えば、山川草木《さんせんそうもく》の自然の霊のような存在とか……。

谷口雅宣守護霊　ああ、君は迷信家《めいしんか》だなあ。うーん、迷信家だわ。

斎藤　えっ？　私は迷信家でしょうか？

谷口雅宣守護霊　うん、うん。迷信家だな。君は、奈良《なら》の田舎《いなか》か何かに住んだらいいんじゃないか。そうしたら、道祖神《どうそじん》とかいろいろあるからさあ。お地蔵《じぞう》さんとか、そのへんを拝《おが》んどったらええよ、飴玉《あめだま》でも置いて。君は、そのレベルの人間だろう。

斎藤　それでは質問してもいいですか。「霊的なインスピレーションはあまりない」ということですか。

谷口雅宣守護霊　霊的……。うん？

斎藤　つまり、地上のご本人はアメリカ留学等によって、いろいろな知識や情報を積み上げた考え方をなされていて、目に見えない世界からのインスピレーションのようなものはないということですか。

谷口雅宣守護霊　何、それ？

斎藤　えっ？　話が全然通じていないのですか？

「神様なんかすぐつくれるんだよ」

谷口雅宣守護霊　君ねえ、英語の勉強をしたりすると、そういうものは、基本的にだいたい否定するでしょう？　英語の勉強をしたら、そんなもんは否定して、バカバカしいと思って、日本のその、そういう……。

斎藤　スピリチュアル的な「目に見えないもの」ですね。

谷口雅宣守護霊　古式ゆかしい、あんなやつは、だいたい否定するのが当たり前じゃないの。

斎藤　え!?　ちょ、ちょ、ちょ……。

谷口雅宣守護霊　英米の文化人だって、みんな否定しますよ。君らの霊言《れいげん》だとかそんなのも、昔の、「精神世界」をつくってた小さな出版社が出したような、匿名《とくめい》の霊言みたいなものの延長上でやってるんだろうけど、こんなのねえ（笑）、古代インディアンの世界なんだからさあ。

斎藤　古代インディアンの世界？

谷口雅宣守護霊　そうでしょ？「シルバーバーチ」●だ何だ、「古代インディアン」がどうとかいう、ああいうのなら、いくらでも〝創作〟で書けるんだからさあ。小説家ぐらいだったら、いくらでも。

だから、今、石原慎太郎《いしはらしんたろう》だって、田中角栄《たなかかくえい》の〝霊言〟みたいなのを出してさあ、「君らぐらいの仕事はいくらでもできるんだ」って、やってみせてるじゃないの。それで、ベストセラーになってるじゃない。君らより売れてるんだからさあ。

●シルバーバーチ　古代インディアンの姿をした霊の名称。「白樺」を意味する。1920年代、イギリス人の霊媒である編集者のモーリス・バーバネルを通じて霊界通信を送ってきた。書籍として『シルバーバーチの霊訓』等が発刊されている。

だから、小説家は神様なんか、すぐつくれるんだよ、いくらでも。

斎藤　神様がすぐつくれると？

谷口雅宣守護霊　うーん、つくれるんだよ。

斎藤　「創作で」ですか。

谷口雅宣守護霊　だから、もう、無駄なことをするなよ。紙が惜《お》しいから。創作だろう？　そんなもん、ほとんど。

今の自分の状況《じょうきょう》が理解できない谷口雅宣氏守護霊

綾織　では、あなたは、「雅宣総裁ご本人」だと思っていらっしゃるのですか？

なぜ幻冬舎は“霊言”に惹かれるのか。
本物の霊言とフィクションの違いが
明らかになった『幻冬舎社長　見城徹
天才の嗅覚』（幸福の科学出版刊）。

ご本人が、今、語られているのですか？

谷口雅宣守護霊　うん？　ここは生長の家ではないなあ。

綾織　はい。

谷口雅宣守護霊　東京か？

綾織　そうですね。

谷口雅宣守護霊　うーん、どういうことなのかなあ？　（法輪《ほうりん》を指し）こんなマークは見たことがないから、ちょっと違《ちが》うような気が……。あれ？　いや、谷口は谷口なんだけどなあ。雅宣……。

綾織　雅宣総裁ご本人だと思われているのですか。

谷口雅宣守護霊　私は何だろう。うん？

綾織　あなたは、〝どなた〟ですか。

谷口雅宣守護霊　いやあ、でも、君らから〝召喚状《しょうかんじょう》が来た〟からといって、私が行くわけないから。うーん、なんでここにいるんだろうね。分からん。それは分からん。山梨《やまなし》のほうにいなきゃいけないのにね。おかしいな。これ、どういうことだろう？

綾織　山梨で仕事をされていて……。

谷口雅宣守護霊　さっぱり、さっぱり分からん。

斎藤　分からないですか。

谷口雅宣守護霊　分からん。なんでか、なんでここに……。

綾織　呼ばれたのですか。

谷口雅宣守護霊　いや、なんでか分からない。経験ないから。こんな経験はないから、さっぱり分からん。

綾織　いつの間にかここに座《すわ》っていらっしゃった？

谷口雅宣守護霊　いや、それは分からない。まあ、だから、君らは、催眠術《さいみんじゅつ》かなんか使ってんだろ、たぶん。催眠術かな？　催眠術があるのは知ってる。

宮崎駿監督《みやざきはやおかんとく》を称賛《しょうさん》し、「谷口雅春総裁《まさはる》よりも偉《えら》い」と思う理由

斎藤　心のなかの「原風景《げんふうけい》」といいますか、何か思い浮《う》かぶような世界というのはあるのですか。

谷口雅宣守護霊　え？　何？

斎藤　何か〝親しげな世界〟というのはお持ちですか。やはり、草原とか、ポカポカした感じがあるのでしょうか。

谷口雅宣守護霊　いやあ、子供のころに、長崎《ながさき》の総本山《そうほんざん》のところで、ちょっと走り回った覚えはあるよ。本宮《ほんぐう》みたいなのをつくってなあ。

斎藤　龍宮住吉《りゅうぐうすみよし》本宮というのがございます。

谷口雅宣守護霊　そんなのがあったなあ。

斎藤　総本山です。

谷口雅宣守護霊　うんうん。だから、やっぱり、環境に優しくなきゃいけないんだ。

斎藤　あれが「環境」の原体験で、そういう世界をつくるのが……。

谷口雅宣守護霊　森と海がなきゃ。

斎藤　森と海ですか。

谷口雅宣守護霊　うーん。

大川真輝　宮崎駿《みやざきはやお》さんの映画とかはお好きですか。

谷口雅宣守護霊　ああ。それいいねえ。とってもいいねえ。祖父《じい》ちゃんよりずっと偉《えら》いだろう、あの人は。

大川真輝　うーん。

近代反対運動にも見える宮崎アニメの真相に迫る。『「宮崎駿アニメ映画」創作の真相に迫る』（幸福の科学出版刊）

龍宮住吉本宮の入口に立つ鳥居（長崎県西海市）。龍宮住吉本宮は生長の家の総本山の中心。

谷口雅宣守護霊　うん、そりゃそうでしょ。

斎藤　宮崎駿さんが、「お祖父さん」というか谷口雅春《まさはる》師よりも偉いのですか。

谷口雅宣守護霊　そうそう、そうそうそう。世界的に影響《えいきょう》を与《あた》えた、日本を代表する、何て言うか、影響力を持った方ですからね。世界的に評価されてるでしょう？　アカデミー賞も取っておられたから、それは、日本を代表する人物ですよ。

斎藤　戦争反対もされていますしね。

谷口雅宣守護霊　戦争も……、うん。もう、総理大臣よりもはるかに偉い。だから、今、谷口雅春があるとしたら、宮崎駿がそれに代わるような人だと思うなあ。

谷口雅宣氏守護霊にとって霊的《れいてき》存在は「フィクションの世界」

大川真輝　あの、妖怪《ようかい》とかはお好きですか（会場笑）。

谷口雅宣守護霊　え？

大川真輝　妖怪とかはお好きですか。

谷口雅宣守護霊　うーん。どうしてそういう文脈になるのか、よく分からない。

斎藤　いえ、日本の森や海に関係する精霊《せいれい》についてですね……。

谷口雅宣守護霊　まあ、確かに出てくるなあ。物語のなかにはな、出てくるわ。そういうかたちで、何て言うか、精神世界をイマジネーション(想像)させることが大事なことだから。何かかたちをつくらないと、みんな理解しないからなあ。そういうことで、精神性を大事にするっていうことは、大事なことなんじゃないかな。それを描かないと分からない。

ほんとは、森とか海とか川とかを護らなきゃいけないんだけど、やっぱり、そういう精霊とかね、いろんな霊的な生き物がいるというようにする。それはイマジネーションの世界だから、いくらでもつくって構わん。

斎藤　うーん。

谷口雅宣守護霊　フィクションでは認められてるからね。全然、詐欺《さぎ》でも犯罪でもないから。フィクションの世界で、そういうことがあるというふうに見せて、「環境を大事にしよう。自然を大事にしよう」っていう運動をやってるわけね。

だから、評判になった「もののけ姫《ひめ》」なんかも、何て言うか、朝日新聞が激賞《げきしょう》してたけど、要するに、「たたら場という製鉄所を始められたために、森の動物たちが結束してそこを襲《おそ》って戦う」っていう、非常に悲惨《ひさん》な、だけど、高潔《こうけつ》な動物たちの生涯《しょうがい》を描いたのね。

それは応援《おうえん》するわなあ。そちらのほうが宗教の本道《ほんどう》だわな。だから、朝日新聞は極《きわ》めて〝宗教的な新聞〟なんだよ。

斎藤　朝日新聞が〝宗教的な新聞〟？

谷口雅宣守護霊　そうなんですよ。環境破壊に対して徹底《てってい》的にメスを入れるからねえ。

斎藤　なるほど。

映画「もののけ姫」(1997 年公開／東宝)

6　中国・北朝鮮《きたちょうせん》の軍拡をどう見ているのか

「中国は覇権《はけん》主義」は間違《まちが》いと主張する谷口雅宣氏守護霊

大川真輝　もう一つお訊《き》きしたいのですが、私たちの住んでいる日本に対する思いのようなものは、どうなのでしょうか。

生長の家では、「生長《せいちょう》の家《いえ》の総本山《そうほんざん》の祭祀《さいし》の重点」というものを、雅春《まさはる》総裁の時代からずっと、「鎮護《ちんご》国家のための宗教なのだ」とおっしゃっていたと思うのですけれど、二〇一二年十一月に、雅宣総裁はその「鎮護国家」を「世界平和」に移しています。

谷口雅宣守護霊　まあ、一緒《いっしょ》だな。だから、「鎮護国家」をさらに拡大して、「世界の鎮護」をしようとしてるっていうか。

大川真輝　日本という国はお好きですか。

谷口雅宣守護霊　うーん、生まれ育ったから、まあ、半分ぐらいはな。そらあ、半分ぐらいは、うん。そらあ、そうだなあ。でも、私は世界を巡錫《じゅんしゃく》してる身だから、そら、日本一国だけを愛するっていうわけにはいかないけどね。ブラジルの空気も護《まも》らないといかんしね。ブラジルの環境《かんきょう》も護らないといかんしね。

大川真輝　最近、「安保《あんぽ》法案に賛成した政党は支持しない」ということを、正式に発表されましたが、私たちとしては、今、中国や北朝鮮《きたちょうせん》といった平和を愛さない近隣国の軍拡がかなり進んでおり、日本が国家としての危機にあるというような現状認識があります。そのためには、しっかりと安保法制のような「国家を防衛する仕組み」も整備する必要があると考えているのが、幸福実現党の立場でもあります。そのあたりの、国際政治的に見た、現代の日本の立ち位置については、どのようにお考えなのでしょうか。

谷口雅宣守護霊　まあ、中国は十三億の人口を養ってるからねえ。

それで、燃料が足りずに、モンゴルから「石炭」をいっぱい買ってねえ、「石炭」でまだ火力を使って、発電したり、工業生産したりしてるようなところだから、CO_2をいっぱい出してるわけよ、中国はね。

だけど、中国十三億の人たちが生きていくためにはしかたがないことだから、せめて、日本のほうがねえ、わずか一億人ぐらいしかいないんだから、C

中国・北京の故宮《こきゅう》博物院で、大気汚染のためにマスクを着けて観光する人たち。PM2.5（微小粒子状物質）の値は、世界保健機関（ＷＨＯ）の基準値の50倍近くに達した。（2015年12月1日撮影）

O_2を出すのを減らして、中国の人たちが生存できるように協力しなきゃいけない。ね？　そういうふうに思うねえ。

大川真輝　やはり、国際政治学の基本は「リアリズム」にあると思うのです。

谷口雅宣守護霊　知らん。そんなことないよ。理想でしょ。国際政治学は「理想論」ですよ。

大川真輝　「理想論」のほうの国際政治学を重視されていたのですか。

谷口雅宣守護霊　いや、「リアリズム」も入ってますけど。もちろん、そうだ。そりゃ入ってますけども、まあ、そうでしょ。

今、君らは、「中国の覇権《はけん》」だとか、「軍拡」だとか言ってるけども、中国は、その十三億から十四億の人口を、これから養っていかないといかんわけだから、中国の政治家の気持ちになってごらんよ。

それはねえ、石油だって欲《ほ》しいしね。石炭はちょっとCO$_2$が出すぎて、石油のほうがもうちょっと効率がいいから、そらあ、アラビア半島まで取りに行きたいしさあ、アジアやオーストラリアあたりにも、いろんな資源がいっぱいあるからねえ。そういうものは買い付けたいし、食糧《しょくりょう》から鉄鉱石から石炭から、いっぱい買い付けなきゃいかんから、南米にまで行っている。

それで、「中国は覇権主義」って言うのは間違《まちが》いで、彼らは生き残るために、「十三億、十四億の国民を食べさせていきたい」と考えている。要するに、日本十何個分ですよ。日本十個分？　日本十個分を養わなきゃいけないんですから、世界中に手を伸《の》ばして貿易して、経済圏《けん》をつくっていこうとするのは当たり前じゃない。国際政治学的にも当たり前のことで。

日本は一国で、ある程度食っていけるんだからさあ、なるべくおとなしく、迷惑《めいわく》をかけないように、魚の乱獲《らんかく》とかしすぎないように気をつけながらね、自然と共に生きていく。太陽光発電で、あと、農業を大事にしながら生きていけば、外国に迷惑をかけないで、侵略《しんりゃく》戦争の罪を拭《ぬぐ》いながら、独立自尊の生活ができる。

「自然エネルギーで生きていけば戦争は起きない」？

斎藤　でも、戦争でやられてしまったら、どうするのですか。

谷口雅宣守護霊　え、何？

斎藤　農業ばかりをしているところに、向こうから侵略してきたら……。

大川真輝　おそらく、雅宣総裁は大東亜《だいとうあ》戦争をかなり学ばれていると思うので、開戦の直接原因などもよくよくご存じだと思うのです。

谷口雅宣守護霊　石油を止《と》められたから戦争になったっていうんでしょ？　インドネシアとかあのへんに石油を取りに行った。だから、石油を使わなければいいわけで、太陽光発電をやれば、石油が要《い》らないわけだから、戦争は起きない……。

大川真輝　いやいや。国家として自給できるエネルギーが限られているのが問題で、経済包囲網《もう》を敷《し》かれて、大半を輸入に頼《たよ》っていたエネルギー供給が足りなくなったから、開戦へと進んだわけです。

大川隆法 著作シリーズから大東亜戦争を再検証した３部作

『大川隆法の"大東亜戦争"論［下］』
（大川真輝著、HSU 出版会刊）

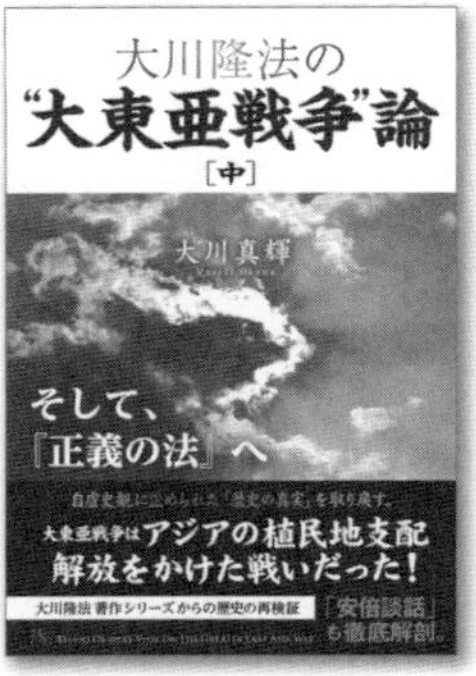

『大川隆法の"大東亜戦争"論［中］』
（大川真輝著、HSU 出版会刊）

『大川隆法の"大東亜戦争"論［上］』
（大川真輝著、HSU 出版会刊）

谷口雅宣守護霊　だから、太陽光発電等を中心に、風力発電とかいろいろ使いながら、自然のエネルギーで生きていける、国産のエネルギーで生きていけるようにすれば、石油のための戦争とか、そういうものはなくなるから、いいことなんだよ。平和だ。

大川真輝　国際政治学を勉強されて、大東亜戦争のこともよく学ばれた上で、安保法制に反対し、「脱《だつ》原発で火力発電をやめろ」と言っているというのは、どこか確信犯的に日本を危機の方向へ向かわせようとしているようにも感じます。

谷口雅宣守護霊　まあ、一部ね、私のなかに、リアリズムを超《こ》えたような理想論があることは事実だからね。そりゃ、（アメリカの）ゴア（元）副大統領のようになってみたいなって気持ちがあることは事実だけどね。やっぱり、エリートとしてしかたないじゃない。そういうふうな気持ちを持つってことは。

北朝鮮《きたちょうせん》の核《かく》開発は「自衛のため」なのか

斎藤　ニュースを観《み》ますと、やはり、北朝鮮《きたちょうせん》のミサイルの実験も、どんどんどんどん精度が上がっています。昨日《さくじつ》（六月二十二日）も、ミサイルを高度千キロと高く打ち上げましたが、そうすると落下速度が速くなるので、迎撃《げいげき》しにくくなるようです。そうした危機が、もう目の前にあるということがあって……。

谷口雅宣守護霊　いやあ、君らね、同情の心がないわ。北朝鮮の気持ちになってごらんなさいよ、ね？

斎藤　え？

2016年6月23日に配信された弾道ミサイル「火星10」発射実験の写真。日米韓は「ムスダン」と呼んでいる（朝鮮中央通信＝共同）。

谷口雅宣守護霊　アメリカから核攻撃《かくこうげき》をされる恐《おそ》れがあるわけですから、あの貧しい小さな国がねえ、自国を護《まも》る、二千万ちょっとの国民を護る。アメリカがこれを踏《ふ》み潰《つぶ》そうと思えば簡単なことですから、護るために、必要最小限の自衛として、やっぱり、核ミサイルとかを開発してるわけで。それはねえ、彼らにとっては、もうギリギリの選択《せんたく》。「国民に食糧を供給してやりたい。エネルギーを供給してやりたい。でも、軍事を優先しないと国が滅《ほろ》びるかもしれない」ということで、国民を護るためにやってるわけで。

アメリカを倒《たお》せるなんて思ってないと思うけども、「アメリカが攻《せ》めてくるんだったら、こちらもちょっと攻撃して、応戦して、アメリカにも被害《ひがい》が出ますよ。アメリカ人が、十万、二十万と死んでも構わないんですか。それが嫌《いや》だったら、しないでしょう」というようなところで国民を護ってるわけだから、彼らは当然の自衛の権利を行使してるわけで、当たり前ですよ。

斎藤　北朝鮮の……。

谷口雅宣守護霊　自衛ですよ。

斎藤　はあ……。

谷口雅宣守護霊　ええ。全部、中国も自衛、北朝鮮も自衛なんですよ。日本は、かつて侵略国家であったことを反省して、おとなしくしていく以外、道はないんですよ。

選挙で投票するなら、どの政党に入れるか

大川真輝　そうしますと、一九六〇年代に生長の家が思想的に戦われた、いわゆる全学連《ぜんがくれん》（全日本学生自治会総連合）のような方々の発想と、ほとんど同じになって

おられているということで。

谷口雅宣守護霊　うん、それが正しいんだよ。全学連が正しかったんだから、安《あ》倍《べ》の祖父《じい》さま（岸信介《きしのぶすけ》）？　安倍首相の祖父さまあたりが間違ったことをした。巣《す》鴨《がも》プリズンから出てきて、また右翼《うよく》の妖怪《ようかい》みたいになって、そして、アメリカと共謀《きょうぼう》して、何て言うか、そういう平和勢力を踏み潰そうとしたっていう。まあ、刺《さ》されて当然だね、あれね。腿《もも》を刺されたけどさ、当然だわね。

うーん、だから、やっぱり、あの安保勢力で革命が起きなかったのは残念なことだな。

綾織　今、あなたが支持している政党というのは、「共産党」になるのですか。

岸信介の霊が語る安保闘争、50年目の真実。
『日米安保クライシス――丸山眞男 vs. 岸信介――』
（幸福の科学出版刊）

谷口雅宣守護霊　……うん、支持……。まあ、「投票に行くとしたら」っていうことかあ。うーん……。投票に行くとしたら……。まあ、「生長の家の総裁がどこに投票するかを言う」ってことは、非常に公的な影響《えいきょう》があるから、極《きわ》めて難しいことではあるけども。

まあ、私はメジャーな考え方が好きではあるから、やっぱり「民進党」かなあ、今だったら。

「日本も中国圏《けん》に入って、『極東版のＥＵ』をつくればいい」

綾織　先ほどの中国のお話に戻《もど》るんですけれども、「日本の通貨が元《げん》になる」というお話をされましたが。

谷口雅宣守護霊　別に「問題ない」でしょう？

綾織　問題がない？

斎藤　（苦笑）ちょっと……。日本の通貨が元になっても問題ないのですか。

谷口雅宣守護霊　だって、アメリカが強いときは、ドルが世界に流通してたんだから、中国が世界一になれば……。もうすぐ世界一になるでしょう？　もう十年もしないうちにアメリカを超えちゃうから。そうしたら、元が世界一になるから、世界に流通するのは、ユーロでもドルでもなく元ですよ。だから、元が流通しても何も問題ない。まったく問題ない。

綾織　これについては、経済だけの話ではなく、政治的にも、「中国が日本を支配するのが望ましい」というお考えですか。

谷口雅宣守護霊　ＥＵなんかも、いろんな国が合併《がっぺい》してねえ。合併というか、共同して、統治して、平和と繁栄《はんえい》を目指してるわけだから、日本も中国の仲間入りをして、アジアの諸国と共に中国圏《けん》に入って、「極東《きょくとう》版のＥＵ」をつくって繁栄していけば、それでいいわけですよ。平和も来るし、繁栄も来るし、まったく問題ない。

それで、「大きな中国が、アメリカに代わってアジアを護るようになる。アメリカは、ハワイから向こうを担当する」。それでいいんじゃないですか。問題ない。まったく問題ない。

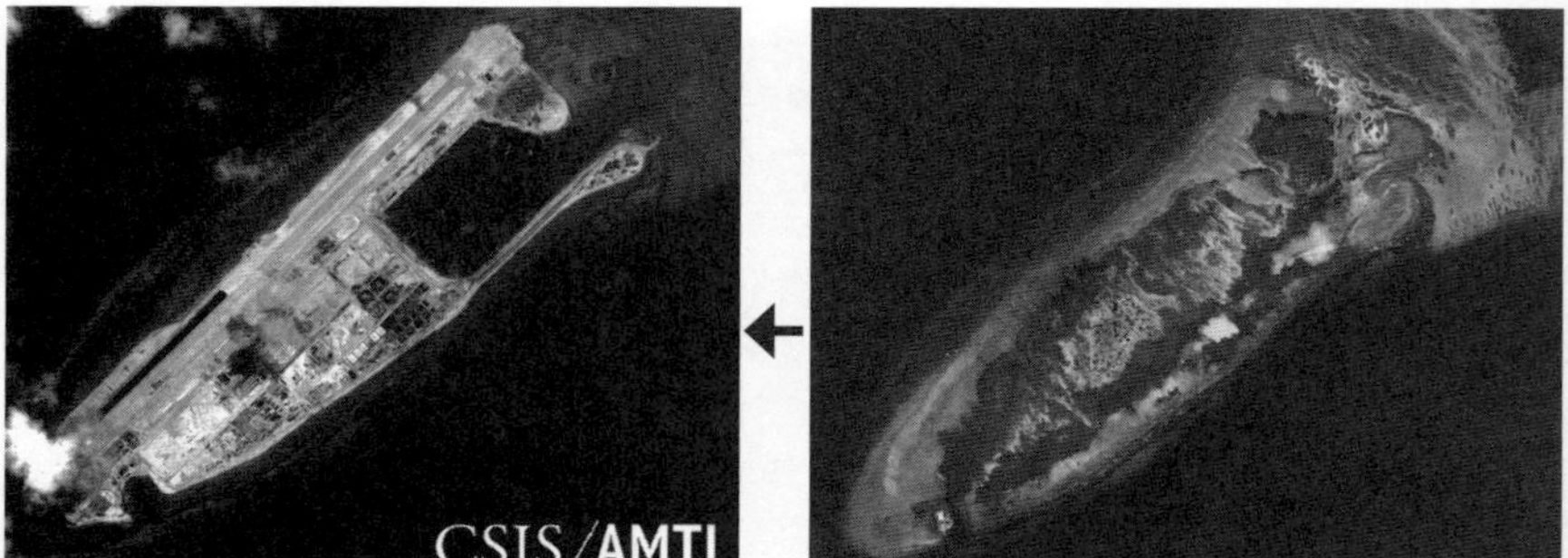

中国による実効支配が進む南シナ海・南沙諸島のファイアリクロス礁。中国がこの人口島を軍事拠点化することに対し、アメリカやフィリピンなどは強い懸念を示している。写真右は中国による埋め立て・施設建設の本格化に先立つ2006年1月22日撮影、左は2015年9月3日撮影。（CSIS　AMTI／DigitalGlobe提供）

綾織　そうなると、いちばん懸念《けねん》されているＣＯ$_2$は、いくらでも出てきます。それはよいのですか。

谷口雅宣守護霊　いやあ、今は出てるけれども、これを改善していく。日本とかは、そういう意味での技術協力ができるわね。

だから、「日本の工場が入って、中国の技術者がいっぱい入って、環境問題では（日本は）先進性があるから、そこで協力し合う。日本は環境問題解決のために協力する。中国は、日本を、軍事的にも経済的にも庇護《ひご》する」。まあ、そういう関係ができれば、共生できるじゃないですか。

斎藤　なるほど。「中国に庇護してもらう」という発想ですね？

谷口雅宣守護霊　そうそうそう。中国が強くなれば、別に、どこも攻めてこなくなるんですから。中国と友好的であればね。

斎藤　なるほど。そういう発想なんですね。

谷口雅宣守護霊　うん、うん。

中国における宗教弾圧《だんあつ》をどのように考えているのか

綾織　中国の支配の下《もと》では、宗教というのは、基本的に、否定され、弾圧《だんあつ》されていくのですけれども、それは、生長の家としてはよいのですか。

谷口雅宣守護霊　それは、マスコミの週刊誌的な〝あれ〟だろうからさ。悪いところだけ取ってやってるんだろうから。

綾織　いえいえ、事実としてあります。

谷口雅宣守護霊　だって、現実はね、現実生活は、この数十年でものすごくよくなってきてるわけですから、中国の国民はみんな、幸福度が増してるわけですよ。

斎藤　いや、「大躍進政策《だいやくしんせいさく》」のときでも、四千五百万人が飢《う》え死にしたなど、いろいろなことがありますけれども。

谷口雅宣守護霊　いやあ、でも、それを乗り越《こ》えて、今、発展してるわけだからね？　だから、今の中国の政治は正しいわけよ。

宗教っていうのは、ちょっとねえ、守旧派の傾向《けいこう》があって、そういう改革とかいうか、前進を止める力があるから、あんまり強くなりすぎてはいけないんで。「今は、ちょっとおとなしくしてろ。谷口雅春みたいなのが中国にいっぱい出てくるのはうっとうしいから、ちょっとおとなしくしてろ。政府に協力するところは認めてやってもいいけども、それ以外の革命勢力はおとなしくしてろ。政治がやることにちゃんとついてきなさい」と、まあ、そういうことだから。それは各国の自由ですから。

7 「朝日についていくのが宗教の使命」

脇祖《わきそ》の神がかりを隠《かく》そうとする立正佼成会《りっしょうこうせいかい》の例

大川真輝　今、少し不思議に思うのが、日本の新宗教界のみなさんが、揃《そろ》いも揃って、「平和憲法を護《まも》ろう」などと主張していることです。

谷口雅宣守護霊　うん、そらそうだよ、いいことじゃん。

大川真輝　先日、立正佼成会《りっしょうこうせいかい》本部にも行かせていただいたんですが……。

谷口雅宣守護霊　うーん、君、ジャーナリストかね。

大川真輝　ああ、いえ……。

谷口雅宣守護霊　え？

大川真輝　なんか、行事の予定を見て訪問したら、わりにオープンに入《はい》れてしまったんですよね。

谷口雅宣守護霊　ああ、そうなの。

大川真輝　そのとき、庭野日鑛《にわのにちこう》さん（二代目教祖）の話も聞かせていただいたんですけれども。全体として驚《おどろ》いたのが、現在立正佼成会では「平和憲法を護る」ということを強調されていたところです。政治局長のような方が、「現代において、政治と宗教はもう一体なんだ。この戦いは、〝銃《じゅう》を持つ人〟を多くするか、〝数珠《じゅず》を持つ人〟を多くするかの戦いなんだ」というふうに言われていまして。

谷口雅宣守護霊　うん、それはなかなか、ずいぶん〝切れる理論〟だねえ。

大川真輝　そうですか（笑）。

谷口雅宣守護霊　うーん。

大川真輝　私は、新宗連《しんしゅうれん》（新日本宗教団体連合会）については、基本的に、「平和憲法を護ろう」とか、左のほうに寄っているイメージがあまりありませんでした。

谷口雅宣守護霊　まあ、もともと、自民党の支援《しえん》団体だったからね。

●新宗連　新日本宗教団体連合会の略称。1951年に、立正佼成会、ＰＬ教団などにより設立された。現在は64教団が加盟。信教の自由、宗教協力、世界平和への貢献等を目的とする。

大川真輝　はい。それが今、左側の〝平和主義〟のほうに振《ふ》れていっているわけです。

谷口雅宣守護霊　うーん。

大川真輝　参院選において立正佼成会は、東日本では民進党の比例候補で白眞勲《はくしんくん》という方を一人と、西日本でも民進党の候補を一人支援するということで、会を挙げて民進党の二人を支援するというお話をされていました。

谷口雅宣守護霊　うーん。

大川真輝　かつ、面白《おもしろ》かったのが、立正佼成会の初期には開祖と共に教団を開かれた脇祖《わきそ》・長沼妙佼《ながぬまみょうこう》という方がいらっしゃるんですけれど、今の立正佼成会では、この長沼妙佼の「神がかりを隠《かく》そうとしている」ようなんですね。

当会で言うところの支部長、本部長に当たるような方に庭野日敬《にっきょう》ミュージアム（立正佼成会開祖記念館）で話を聞いたとき、「今では、長沼妙佼さんの神がかりのような、こんな恥《は》ずかしいことは、もちろん起きませんし、とても外には出せません。ウチはあくまで法華経《ほけきょう》を解釈《かいしゃく》する論理的な団体で、そんなことをやったら、どこかのカルトみたいになってしまうじゃないですか」とおっしゃっていて。

谷口雅宣守護霊　「どこか」っていうのは幸福の科学のことかなあ。

大川真輝　そういうことですね。

谷口雅宣守護霊　うんうん、うんうん。

●長沼妙佼（1889 ～ 1957）　立正佼成会の脇祖。開祖である庭野日敬によって『法華経』の教えに導かれる。庭野日敬と、姓名判断や霊能指導を用いた布教活動を行うとともに、副会長として会の基礎を築いた。

大川真輝　私たちに対してそう言われたんですけれども、何か全体的に……。

谷口雅宣守護霊　ああ、それは分かるよ。

あのね、君ね、立正佼成会の勉強をしてるかどうか知らんけどさ、（開祖の）庭野日敬が自転車をこいで、妙佼さんを自転車の後ろに乗せてね、伝道して回っていた。

（庭野日敬は）もともと、霊友会《れいゆうかい》の一支部で布教《ふきょう》をやっていたんだけど、「妙佼さんに日蓮《にちれん》が降りてくる」と、霊言《れいげん》みたいなのをするっていうことで、それを広めた。母体の霊友会から独立して、立正佼成会をつくって、妙佼さんっていう人が日蓮の霊言みたいなので『法華経』解釈なんかをいっぱい言うので、それを教義にして、本にしたり、広げて組織をつくったりするのを、日敬さんの仕事でやってたわけだ。

それで、そういうご婦人の霊媒師《れいばいし》と一緒《いっしょ》に歩いてるから、家族との問題が起きて、

●庭野日敬（1906 ～ 1999）　新潟県出身の宗教家。立正佼成会の開祖。1938 年、長沼妙佼脇祖と共に在家仏教教団、大日本立正交成会（立正佼成会の前身）を創立。『法華経』を重んじつつ、釈尊の根本仏教を教義の柱に据え、一代で大教団へと発展させた。世界平和実現に向けて、新日本宗教団体連合会（新宗連）の創設や世界宗教者平和会議（ＷＣＲＰ）の開催にも尽力する。

奥《おく》さんと対立して仲悪くなるじゃない？　だから、奥さんは信州《しんしゅう》かどっかの実家に十年間も帰してねえ、それで、これは不倫《ふりん》かどうかは知らんけどさあ、まあ、妙佼さんとカップルになって伝道しまくっておったんだけど、妙佼さんが都合《つごう》よく死んでくれたために、家族が戻《もど》れて、あとが続いているわけだ。

庭野日敬そのものは、開祖とは言うけど、もともとは、まあ、理事長みたいな存在であって、事務運営担当、および、本とかつくったりする担当だったけど、小学校中退か何か（注。小学校卒とされている）で学歴もない方だったから、漬物《つけもの》屋とか牛乳屋とか、いろいろ言われてるけどね。

最初はまあ、霊現象があることで人集めをしてたんだけど、だんだん『法華経』解釈みたいなので統一して、それを広げるみたいな感じになった。

だから、何て言うかな、審神者《さにわ》のほうだったのが、教祖になったから、その霊能部門のところを隠しとかないとやりにくいと、こういうことだな。

霊的《れいてき》なものを否定するのは「左」ではなく「現実路線」

大川真輝　そこで私が言いたかったのは、今の新宗教界は、〝始まり〟のころからだいぶ時代が流れてきてしまっていて、出発点にあった開祖の霊的《れいてき》なところなどを理解できず、否定しに入ってきていると。

谷口雅宣守護霊　恥ずかしいじゃん。そんなの、もう今どき、恥ずかしくって。君ねえ、青山《あおやま》とか渋谷《しぶや》あたりで、そんな恥ずかしい霊の話なんてできないですよ。「ちょっと、お清めをさせていただけますか」みたいなの、これ、恥ずかしい。あんなとこ一緒にやりたくはない。

大川真輝　ああ。それで唯物《ゆいぶつ》的な方向へ流れ、政治思想についても、全体的にどんどん「左」のほうに寄ってきているように……。

谷口雅宣守護霊　「左」じゃなくて「現実路線」なんだよ。

大川真輝　うーん。

谷口雅宣守護霊　もうそれはね、現実社会に合ってる。だから、〝マクドナルドの世界〟に入ったのよ。マクドナルドとか、〝物流の世界〟に入ったのよ。「現実」なんだよ。

だから、そういうねえ、「手かざしでお清めさせてください」なんて、そんなの信じられませんよ。バカバカしい。ちゃんと測定しなさいよ、何かで。何かで、ちゃあんとね？　清められたか。

大川真輝　その意味では、現総裁の生長《せいちょう》の家《いえ》も、一つのいい例かなとは思うのです。

日本で一世を風靡《ふうび》した新宗教において、開祖の受けた霊的なインスピレーションのところがどんどん失われていき、形骸《けいがい》化していって、教団が伝統宗教に近いようなかたちになっていったりしています。

谷口雅宣守護霊　いや、「国際政治」だけじゃなくて、「宗教学」をやったって、勉強したら、みんな霊的なものを否定してるじゃない、ほとんど。

大川真輝　うーん。

谷口雅宣守護霊　君、知ってるでしょう?

大川真輝　はい。よく。

霊的世界の法則を解明。
『父が息子に語る「宗教現象学入門」』
(大川隆法・大川真輝著、幸福の科学出版刊)

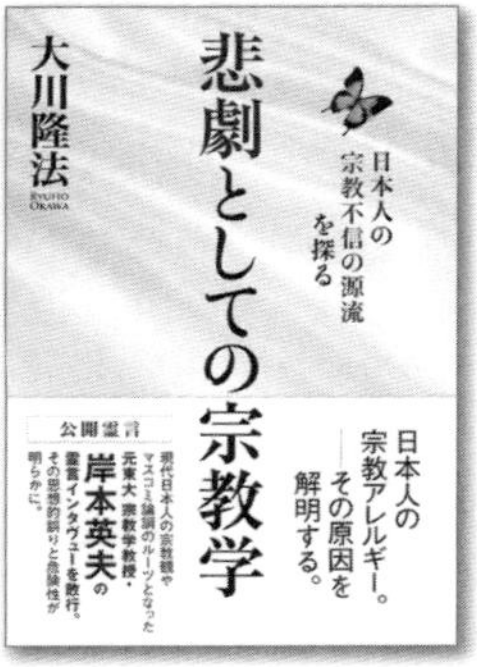

あの世を信じなかった宗教学者、岸《きし》本《もと》英《ひで》夫《お》元東大教授の誤りを指摘する。
『悲劇としての宗教学』
(幸福の科学出版刊)

谷口雅宣守護霊　ねえ？　そんなもん、恥ずかしくて、宗教学者たちや仏教学者たちも、「仏教は霊魂《れいこん》を認めていました」なんて恥ずかしくてね、「否定していました」みたいに言うじゃない、ねえ？

まあ、流れはそうですね。現代はそういう世の中なんだよ。

タイムマシンに乗って過去にでも返れば、それは、君たちの伝道も可能だけど、今はもう無理だよ。だから、君たちはほんと、「時代遅《おく》れ」でねえ、「時代遅れ」に出てきて、コケコッコーと鳴いてるような感じなんだよ。うーん。

今の生長の家に神様はいない？

酒井　ちょっといいですか。

谷口雅宣守護霊　うん？　何だ、おっさん。

酒井　そうしますと……。

谷口雅宣守護霊　変なおっさんが……。

酒井　（笑）あなたは、「御本尊《ごほんぞん》」とか、「祈願《きがん》の対象」とか、「神」とか、そういうものは認めているんですか。

谷口雅宣守護霊　いや、それは、宗教儀式《ぎしき》として、いろんなものは、どこだってあるわけだから、神社は神社でやり、お寺はお寺だから。

酒井　では、それは何なんですか？

谷口雅宣守護霊　生長の家で、それは、ハッ（笑）、まあ、ちょっと今、“消滅中《しょうめつちゅう》”ではあるけれども、創価学会《そうかがっかい》だってそうじゃんね？　だから、別にないんだから、そんなものは。

酒井　ええ。ただ、あなたは生長の家の「招神歌《かみよびうた》」をどういう気持ちで唱えているんですか？　「生長の家の大神《おおかみ》」をお呼びしていますよね。

谷口雅宣守護霊　うん、まあ……、「生長の家の大神」なんて、いるわけないじゃない。「生長の家のおかみ」ぐらいだったらいるよ。うん、おかみはいるけど……。

酒井　いない？

谷口雅宣守護霊　うん、奥さんはいるよ。奥さんが神なんだよ。

酒井　それでは、生長の家に神様はいないんですね？

谷口雅宣守護霊　神っていうか、それは、まあ、人間がつくり出したものだからな。

酒井　礼拝《れいはい》の対象は、なし？

谷口雅宣守護霊　人間が……。いや、それねえ、創価学会にも言ってくれ、おんなじことを。うちだけに言うなよ。おまえ、検事か何かじゃないか？

酒井　検事ではないですけど（笑）。

谷口雅宣守護霊　それか、警察官か？

酒井　いや、宗教なので。ええ。

谷口雅宣守護霊　宗教じゃないよ。宗教はもっと〝いい顔〟してるよ。やっぱり、環境《かんきょう》に優《やさ》しい顔をしてるよ。笑って……。

酒井　（笑）

谷口雅宣守護霊　つくり笑いしたって、これ、もう、「悪人」だって、顔に出てるから駄目《だめ》だ。

酒井　「環境に優しい」ということですね？

谷口雅宣守護霊　うん。

酒井　要するに、「環境が神様」ですか。

谷口雅宣守護霊　まあ、神様の恩恵《おんけい》を受けているものは、環境で現れる。

酒井　自然が神様？

谷口雅宣守護霊　そうなんじゃないの。だから、日本神道《しんとう》系の流れを引く生長の家というのは、天照大神《あまてらすおおみかみ》様以下の自然の恵《めぐ》みに感謝するという、そういう……。

酒井　あなたの本には、「二十一世紀の宗教改革は〝森の中〟から始まる」と書かれていますよね。

谷口雅宣守護霊　まあ、それはそのとおりだ。そのとおりだ、そのとおりだ。それは、もちろん、そのとおりだ。

酒井　森のなかに神様がいる？

谷口雅宣守護霊　いやあ、違《ちが》う違う。もう、原始の自然のなかにある。私も「ルソー主義」にちょっと近いかな。うーん。

酒井　なるほど。

谷口雅宣守護霊　これが近代の始まりだからね。

「初代のころはバブルで、実際の教勢は変わっていない」と主張

大川真輝　少し感じましたのは、それでは現在の生長の家は、雅春《まさはる》総裁が一瞬《いっしゅん》入って抜《ぬ》けられた●一燈園《いっとうえん》とほぼ似てきているような状況《じょうきょう》なのかなと（笑）。

谷口雅宣守護霊　ああ、あれは、今で言うとダスキンか。

大川真輝　ダスキンになっていますけれども。

谷口雅宣守護霊　TOTO《トートー》（衛生陶器《とうき》メーカー）みたいなもんだからねえ？　便所掃除《そうじ》の宗教だね？　うーん。

大川真輝　奉仕《ほうし》の生活で、どんどん環境もきれいにしていこうと。

●一燈園　明治から昭和時代の宗教家である西田天香《にしだてんこう》が、トルストイや二宮尊徳などの影響を受けて1904年に開いた信仰団体。一燈園の修行者は共同生活を送り、托鉢《たくはつ》や奉仕をはじめ、常にほかより下に自らを置き、弱い者の立場で生活する「下座《げざ》の生活」を実践している。生長の家を設立する前の谷口雅春氏が、その思想に触れている。

谷口雅宣守護霊　ああ、ちょっと、ちょっと、まあ、似てるところはあるかもしらんけどねえ。

大川真輝　うーん。

谷口雅宣守護霊　清潔であることはいいことだからな。

大川真輝　そう考えると今の生長の家は、いわゆる〝昔返りチック〟なのかなあという感じがします。

谷口雅宣守護霊　昔返りかねえ。〝最先端《さいせんたん》〟だと思うんだけどなあ。昔返りかなあ。そうかなあ。

大川真輝　谷口雅春総裁が〝神がかる〟前の、一燈園時代に戻ってしまった感じがあるかとも思うんですが。

谷口雅宣守護霊　一燈園はね、勝手に人の家へ入って便所掃除をして、そして、拝《おが》んで、拝み合う生活で、そしたら、いろんなものをもらえたり生活ができたり、いろいろといいことがあるみたいなあれだったけど。

だけど、今、水洗トイレになっちゃったから、勝手に人の家へ入って便所掃除するっていうのができなくなって、ねえ。もう、一燈園自体が存続できなくなったけどね。

まあ、気持ちは分かるわな。環境美化ね、それは大事なことだ。うーん。

大川真輝　いや、教団としては、やはり、ちょっとレベルが下がっているのではないかなと思われるんですが……。

谷口雅宣守護霊　下がっていると見るかどうかは、それは「主観の問題」だから、「客観の問題」ではない。

谷口雅春初代は、月刊誌をいっぱい刷りまくって、配って配って配って、配ったやつを全部、発行数を信者と数えてたから、これは、われわれ、私が言ってるように、熱帯雨林を伐採《ばっさい》して、環境破壊《はかい》してるだけですから、これをやめようとして、今、減らしてるわけで。

だから、実際は、別に、昔とそんなに教勢《きょうせい》が変わっているわけじゃなくて、こんなもんなんですけどね。減っているように言ってるのは、良心的なだけであって、雅春総裁のときがバブルだっただけですから、うーん。

自然を破壊《はかい》しないためには「人口は少ないほうがいい」

斎藤　そうしますと、宗教の聖なる仕事としては、「魂《たましい》の救済」という観点がありますけれども、それについては……。

谷口雅宣守護霊　君ら、紙を刷ってるだけであって、「魂の救済」なんかしてないでしょう?

斎藤　いや、三代目総裁の守護霊がそのように当会に対して言うのであるなら、今の生長の家では、人が苦しんでいるとき、魂が苦しんでいるときに、どういう救いを差し伸《の》べているんですか?

谷口雅宣守護霊　いや、生長の家では、別に、「守護霊」なんていう思想は、そんなに確固としたものでないので。外国の例がちょっとないわけではないけれども、一般《いっぱん》には、それはもう例外的な存在と見られてるから、君らみたいに、誰《だれ》でも守護霊がついていて呼べるみたいな、そんなことまで認めてはいないので、うーん。

斎藤　では、守護霊のことはいったん置いておきまして、例えば、骨折したとか、そういう肉体的な苦しみではなくて、劣等感《れっとう》であるとか……。

谷口雅宣守護霊　ああ、君だね？

斎藤　いや（苦笑）。

谷口雅宣守護霊　君、君をどうやって救おうか。

斎藤　いや、どうしても、本論からどんどん外れていくので……。例えば、さまざまな人間関係の葛藤《かっとう》とか、苦しみの心を感じている人に、どういうご指導をされるつもりなんですか。

谷口雅宣守護霊　だから、君たちみたいな生き方をしとれば、いろいろ軋轢《あつれき》が起きて、「戦い」が起きて、「紛争《ふんそう》」が起きて、「地獄界《じごくかい》」が展開するわけよ。（逆に）私たちのような生き方をすれば、そういう「戦い」は起きず、「紛争」は起きず、「平和と環境の調和」が実現するわけです。

斎藤　なるほど。心を救うためには、環境を整備して、争いのない世界にすれば、そもそも苦しみは起きないという、そういう考え方ですか？

谷口雅宣守護霊　まあ……、だから、やっぱり、自我を引っ込《こ》めていくことが大事で、できるだけ迷惑《めいわく》をかけずに、世界をクリーンにしていくことが大事なんだ。（綾織に）だから、産経新聞なんか、部数をどんどん減らさないと、やっぱり、熱帯雨林が消滅するから。

綾織　それでいくと、人間というのは、なぜ、地上の世界に生まれてくるんでしょうか。

谷口雅宣守護霊　そんなこと知るかよ。そんなの知らんよ。そらあ、だから、まあ、仏教、仏教だな。男と女の愛欲によって生まれてるんだ。うーん。それだけのことや。

綾織　環境を、もう、そのまま護ればいいということであれば、人間は、別に、存在しなくてもいいわけですか。

谷口雅宣守護霊　いや、太陽と水と稲《いね》があれば、それでいいんじゃない？

綾織　ああ、人間は、そこに存在する必要はない？

谷口雅宣守護霊　いやあ、いやあ、それは、神様がいるかどうかは知らんけれども、まあ、それは、存在させたいと思えば存在することはできるけども、自然は神の心のなかに存在するわけだから、その自然を侵《おか》してまで存在してはいけない。だから、核《かく》……、「核」なんていうのは、もう、自然破壊《はかい》の最大のもんだからね。

綾織　人間はもう、いないほうが、プラスが大きいということですか？

谷口雅宣守護霊　まあ、それは、人口が少ないほうがいいことはいいよねえ、うーん。そらそうだ。ええ。

「転生輪廻《てんしょうりんね》という思想はよく分からない」

綾織　私たちは、「人間の魂がこの地上世界に生まれてきて修行《しゅぎょう》をする」という考え方なんですけれども、それも認めませんか?

谷口雅宣守護霊　だから、朝日新聞以外の新聞なんか刷って配るっていうことは、環境破壊そのものだからね。うーん。

斎藤　では、「転生輪廻《てんしょうりんね》」という思想は信じていないんですね?

谷口雅宣守護霊　「生長の家」では、あんまりそういうことは言わないんだよ。

斎藤　でも、転生輪廻について、〝ご自身〟ではどうですか。個人の思想としては。

谷口雅宣守護霊　何、それ。何か……。

斎藤　「生まれ変わってくる」とか。

谷口雅宣守護霊　いや、カルトの〝谷口雅春原理主義〟でも、そういうことは、あんまりはっきりとは言ってないので。転生輪廻なんていうのはよく分からない。うーん、分からない。

斎藤　分からない？　なるほど。

谷口雅宣守護霊　うん、君ら、君ら、君らが言ってるだけだから、分かんない。

谷口雅宣氏守護霊に「愛」に対する見解を問う

大川真輝　お話を聞いていると、雅宣総裁は非常に理性的な方なんですね。

谷口雅宣守護霊　ああ、そう！　そうなんですよ！　理性的なんですよ。君、よく分かったね。

大川真輝　「愛」とか、そういうものについては、どうお感じになりますか。

谷口雅宣守護霊　愛は、そらもう、溢《あふ》れてますよ。だから、人類愛、ね？　人類愛や環境愛、世界に対する愛は、もう、満ち溢れてるわね。うん。

大川真輝　奥様（白鳩会《しろはとかい》総裁・谷口純子《じゅんこ》氏）が『突然《とつぜん》の恋《こい》』という本を出されてい

るんですけれども、そのなかに、「人は突然、恋に落ちるなんてことはないよ。人間は、そんな思わぬ偶然《ぐうぜん》などに振り回されるものではないよ。人を好きになることだって、自分の心でそれを許し、受け入れる意識が働いているからだよ」というように、雅宣総裁がとても理性的に言葉を返されているような話がありました。

谷口雅宣守護霊　国際政治の源流はカントだからね。だから、カント主義なんだ、それは。

大川真輝　表現から見ると、理系の学者の方のような発想もできる方なのかなあと。

谷口雅宣守護霊　いや、理系じゃなくて、これは哲学者《てつがくしゃ》だから、そう、ね？　そうだ。カントの啓蒙《けいもう》主義がそうだ。

斎藤　なるほど、奥にあるのはカントですか。

谷口雅宣守護霊　うーん。

大川真輝　「宗教家の言葉」とは少し違うのかなと思います。

谷口雅宣守護霊　じゃあ、何、何、要するに、何？

大川真輝　要するに、「運命」……。

谷口雅宣守護霊　まあ、じゃあ、運命的でないっていうことね？

カント哲学が後世、唯物論的に理解されてしまった原因を探る『カント「啓蒙とは何か」批判』（幸福の科学出版刊）。

大川真輝　そう、「心の意識が云々《うんぬん》」と。

谷口雅宣守護霊　意識で、自分の意志で……、だから、それは、契約《けいやく》思想じゃない？　まあ、早い話が。

大川真輝　うーん……。

谷口雅宣守護霊　だから、カントとかルソーとかね、モンテスキューやロックや、そのへんの、まあ、近代の始まりの思想と合致《がっち》してる、〝近代的宗教〟なんだ。

大川真輝　うーん……。では、奥様のことは愛していらっしゃるのですか？

谷口雅宣守護霊　（笑）いや、それは君ねえ、それはね、それは……、おかみだからね、あっちはね。だから、「生長の家の大神」はいなくても、「おかみ」はいるからさ。おかみは怖《こわ》いよ。

大川真輝　ああ、少し言いすぎました。いちおう、この話題はこれ以上はやめておきましょう。すみません。

谷口雅宣守護霊　おかみは怖いよ?

大川真輝　はい。分かりました。

谷口雅宣氏のきょうだいとの関係について訊《き》く

斎藤　今、真輝専務のおっしゃったことはごもっともかなと、私は思いました。例えば、ごきょうだいがいらっしゃると思いますが。

谷口雅宣守護霊　うん。

斎藤　あまり細《こま》かい話は失礼ですけれども、例えば、オーストラリアのほうで運営方針の違いで別れてしまった方（姉）がいらっしゃいます。

谷口雅宣守護霊　エヘン（咳払《せきばら》い）。

斎藤　また、弟さんもいます。

谷口雅宣守護霊　うん。

斎藤　この方は、手記によれば、若いころに不良になってしまって、もう大変な苦しみを持たれたそうです。

さらに、車を運転していたとき、乱暴な運転をしたため、隣《となり》に座《すわ》っていた人が亡《な》くなってしまいます。その後、刑務所《けいむしょ》に入られたりした苦労の話が書かれた手記を、私も涙《なみだ》を流しながら読んだ覚えがあります。

谷口雅宣守護霊　君、いい人だねえ。そう、そこは……。

斎藤　いやいや、でも、そうした弟さんを救ったのはお祖父《じい》さま（谷口雅春）で、その手紙には獄中ですごく助けられ、光を感じられたそうです。

一方、真偽《しんぎ》のほどは確かではありませんが、その弟さんは仕事から干《ほ》されるようなかたちで教団を去っていかれたと噂《うわさ》されているようにも聞きます。

谷口雅宣守護霊　やっぱり、常識的にはそうでしょう。

斎藤　いや、一部では、弟さんの教団のなかでの役職を外してしまったのではないかということも言われてはいますので、実際、どうだったのかをお訊《き》きしております。

谷口雅宣守護霊　まあ、〝暴走族のリーダー〟みたいなもんだ、今で言やあ。

斎藤　そういう「愛」というのはどうなのかなと、私はちょっと感じますけれども。

谷口雅宣守護霊　だけど、〝暴走族のリーダー〟みたいな人が、宗教のリーダーになっちゃ、やっぱりいけないでしょ？　それは、やっぱり。それはいけないっしょ。改心《かいしん》せな。

斎藤　それは、「愛」という点ではどうなんでしょう。そういう、苦しみの人生のなかで、非常に宗教的な深みをつくられようとした、その生き方……。

谷口雅宣守護霊　ああ、そうか。君は、自分の子供が暴走族のリーダーになったら、教団の後継者《こうけいしゃ》になれると思うか？　うん。

斎藤　いや、ただ……。

谷口雅宣守護霊　〝人殺し〟まで、〝人殺し〟までして？　ムショ帰りで？

斎藤　いや、でも、それをした方に対して……。宗教のプロとして、どう接していくのかというのは非常に大きな課題であると、私は思いますよ。どうなんでしょう？

谷口雅宣守護霊　いやあ、だから、その、雅春総裁はそれを「許し」とか言ってるけども、生長の家には、そもそもね、「反省の教え」はないからね。全部肯定《こうてい》だから、うん。この世で起きること、全部肯定する思想だからさ。だから、反省がないから。君らの考えとちょっと違うのさ。全部、「全部、肯定」なんだよ。

まあ、その意味では、何と言うかなあ、反省のしようがないんだよ。うん。「人間みな神の子」で、もう、「日時計《ひどけい》主義」だからさ。だから、〝暴走族〟ぶっ飛ばしたとも、まあ、そら、神の子をぶっ飛ばしておるわけだからさ。うん。うん。たまたま、何か、偶然に事故が起きて、人が死んだようにするぐらいのことだからさ。

「現代の神」であるマスコミについていくのが宗教の使命？

谷口雅宣守護霊　だから、初代の教えの足りないところが、そら、やっぱりあるんで。私は現実的に、マスコミ人として判断するような判断をしただけであって、うん。

斎藤　「マスコミ人としてのものの見方」や「この世的なものの見方」を超《こ》える見方というのはできないんですか。

谷口雅宣守護霊　マスコミ人は現代の常識をつくってるし、〝現代の神〟だし、〝現代人の教祖〟でもあるし、〝教義も説いてる〟のがマスコミじゃないですか。それ、教祖というのは、ああ、君らも言ってたよねえ。「朝日が現代の日本の教祖だ」と言って。朝日の社長だか何か知らんけどさ、そんなこと言ってたじゃん（注。「ザ・リバティ」二〇〇三年十月号掲載《けいさい》、朝日新聞社長（当

箱島信一・朝日新聞社長（当時）の守護霊インタビューが掲載された月刊「ザ・リバティ」2003年10月号。

時〕・箱島信一《はこしましんいち》氏の守護霊インタビューでは、「朝日が現代日本の神である」という発言があった〕。

そのとおりでしょう？　朝日が、日本の道徳を決め、善悪を決め、宗教も、その他も、すべてについての善悪を決めて、裁判所の判断や政治家の判断の善悪も決めて。うーん。

だから、「朝日が神」だから、まあ、それについていくのは、宗教の使命だろうな、うん。

斎藤　どうでしょう、これについては。（「ザ・リバティ」の）綾織編集長？

綾織　まあ、朝日新聞と合併《がっぺい》されたらいいんじゃないですか（笑）。

元朝日新聞主筆の霊もまた、「朝日新聞が日本の神であるべき」と語った。
『元朝日新聞主筆　若宮啓文《わかみやよしぶみ》の霊言』
（幸福の科学出版刊）

谷口雅宣守護霊　合併はしないけども、購読《こうどく》するようにはしてるよ。なるべく取る。うん。

綾織　朝日新聞に書いてあることが〝教義〟なんですね？

谷口雅宣守護霊　だから、産経のあとを追ってたら、戦争がもっと起きるからね。「産経を読めば、安倍《あべ》さんの考えが分かる」と言われるぐらいだから。それは危険だ。

綾織　朝日新聞を読んで、信者のみなさんが納得《なっとく》して幸せになるというのが、現在の生長の家ですか。

谷口雅宣守護霊　いや、まあ、いちおう、あのねえ。宗教はね、古いからね。もう、遅れてるのよ。

綾織　なるほど。

谷口雅宣守護霊　マスコミのほうが、やっぱり、それは進んでるからね。アメリカも、ジャーナリズムのほうが……、要するに、「新聞のない政治」と「政治のない新聞」とだったら、新聞のほうが残る。まあ、そっちを取るというのがアメリカン・デモクラシーじゃん。ね？　うん。

三島由紀夫《みしまゆきお》に共鳴《きょうめい》していた愛国青年がなぜ転向したのか

斎藤　谷口雅宣様の地上の人生では、もともとは愛国的にされていながら、左翼《さよく》に変わっていってしまったようですが、最初はそうではなかったとも聞いております。三島由紀夫《みしまゆきお》さんとかも学部に上がる前は尊敬したりしていましたし。

谷口雅宣守護霊　勉強、勉強が進んだから。

斎藤　え？

谷口雅宣守護霊　勉強……。

斎藤　勉強が進む前はそうだったけれども、「進んだら変わった」ということですか。

谷口雅宣守護霊　親の洗脳……、親とか祖父さまの洗脳を解いていくのが、やっぱり、「自立」っていうことじゃないですか。

三島由紀夫の時代的使命とは何だったのか。
『天才作家 三島由紀夫の描く死後の世界』
（幸福の科学出版刊）

斎藤　最初、三島由紀夫のような人に共鳴《きょうめい》されていたようなところから、だんだんだんだん、そうはならずに……。

谷口雅宣守護霊　それは、若い人はねえ、小説とか読んで感動するけど、年を取ったら感動しないでしょう? まあ、一緒ですよ、それは。

斎藤　先代の呪縛《じゅばく》から解かれることをもって、「成長」と言うのですか?

谷口雅宣守護霊　そう、それは成長でしょう。だから、親の言うことを全部否定し始めたら、君は大人になったっていうことなんだよ。ほんとに大人になりたかったら、初代の言うことを全部否定しなくちゃ駄目だよ。

東京・原宿《はらじゅく》にあった生長の家本部を山梨《やまなし》に移転した「霊的背景《れいてきはいけい》」

大川真輝　先日の谷口雅春総裁の霊言《れいげん》では、初代の教えをどんどん否定していったから、やはり、霊的にも原宿《はらじゅく》にはいられなくなり、山梨《やまなし》のほうに逃《に》げていかれたのではないかというようなことをおっしゃっていました。

谷口雅宣守護霊　いやあ、それは……。

大川真輝　居心地《いごこち》が悪かったんですか。

谷口雅宣守護霊　赤坂《あかさか》、乃木坂《のぎざか》？　原宿、あのへん、「右翼磁場《じば》」なんで。右翼がうようよしてるところだから、まあ、あまり気持ちがよくないんだね。うーん。乃木将軍の墓《はか》だとかさ。生長の家のあれも、東郷平八郎《とうごうへいはちろう》神社なんかが並んで……。

斎藤　ございますね。

谷口雅宣守護霊　あるよねえ。東郷平八郎と乃木将軍の墓に挟《はさ》まれたんじゃあねえ、たまったもんじゃないよ。

斎藤　なので、そこに〝いにくかった〟わけですね？

谷口雅宣守護霊　たまったもんじゃない。気持ち悪い、ね？　もう。

「生長の家」旧本部周辺の地図

生長の家の旧本部は東郷神社にほど近く、周辺には乃木神社や明治神宮、さらには、明治維新の功労者や政治家等の墓所である青山霊園が存在する。乃木将軍の墓もこの青山霊園にある。

斎藤　なるほど。だいぶ分かってまいりました。今、お話しさせていただいていますけれども、だいたい内容が見えてまいりましたので、ちょっといったん、ここで……。

谷口雅宣守護霊　そうか。もう、解放してくれる？

斎藤　ありがとうございます。

乃木神社の拝殿（東京都港区）

東郷神社の拝殿（東京都渋谷区）

8 現在の生長《せいちょう》の家《いえ》を指導している霊人《れいじん》を招霊《しょうれい》する

三代目・谷口雅宣氏に最も影響《えいきょう》を与《あた》えている霊《れい》存在を招霊する

大川隆法　（手を二回叩《たた》く）はい。それでは、この方を指導している者がいるかどうか、訊《き》いてみましょうか。

斎藤　はい。よろしくお願いします。

大川隆法　では、生長《せいちょう》の家《いえ》三代目総裁・谷口雅宣さんを指導している霊《れい》、いちばん影響《えいきょう》を与《あた》えている者、谷口雅宣さんにいちばん影響を与えている指導霊がいましたら、出てきてください。

谷口雅宣さんにいちばん影響を与えている指導霊がいらっしゃいましたら、ご指導霊よ、どうぞ出てきてください。お願いします。

（約三十五秒間の沈黙《ちんもく》）

「戦争で亡《な》くなった人を弔《とむら》うのが宗教の仕事」と語る霊人

霊人　うーん。

斎藤　失礼いたします。

霊人　うん……。うん。うん？　うん？　うん。

斎藤　生長の家三代目総裁・谷口雅宣総裁にいちばん影響を与えている霊的存在と

いうことで、招霊《しょうれい》をさせていただきました。

霊人　うーん？　うん。

斎藤　今、ここは、幸福の科学 教祖殿《きょうそでん》 大悟館《たいごかん》という、聖なる場所でございます。

霊人　うん。うん。

斎藤　今の意識ですね。こちらに焦点《しょうてん》を合わせ、幾《いく》つかの質問にお答えいただければと思います。

霊人　うん、うん、うん、うん、うん。

斎藤　あなた様が今、お考えになっていることなどを、自由にお話しいただければと思いますけれども。何か、「今の感想」というか、自由な心で、「何でも、述べてもいい」と言ったときに、今、何をお考えになっておられますか。

霊人　うん？

斎藤　ええ。「今、お考えになっていること」はどんなことですか？

霊人　やっぱり、そのね、「反戦」だよね。

斎藤　反戦？

霊人　だから、先の戦いでたくさん死んだからね。そういう、たくさん死んだ人たちを弔《とむら》うのが、今、宗教の仕事だからね。

斎藤　はああ……。

霊人　そういうことが二度と起きないようにせないかんでねえ。

斎藤　「戦争で亡《な》くなった方を弔うのが宗教の仕事である」と。

霊人　うーん。そう、そう、そう、そう。宗教なら、そうしなくちゃいけないね。

斎藤　なるほど。

霊人　うん、うん。

「戦前をミスリードした生長の家を崩壊《ほうかい》させるのが日本のため」？

斎藤　今、生長の家という団体を通じて伝えたい、強いメッセージのようなものは、何か、特にございますか？

霊人　うーん……。

斎藤　やはり、反戦というものを訴《うった》えたいという強い気持ちがおありでしょうか？　それ以外には何かありますか？

霊人　まあ、生長の家が、戦前の日本のな、国体を、戦後も引っ張ろうとしているから。それが崩壊《ほうかい》することは、日本がよくなること、かな。

斎藤　なるほど。

霊人　うん。

斎藤　「戦前をミスリードしていた生長の家が崩壊することが、この国体を安定するのにいい」と、このようにお考えでしょうか。

霊人　そう、そう、そう、そう、そう、そう、そう、そう。うん。「右翼《うよく》は敵」と考える、旧社会党の政治家だった！

大川真輝　お時間もございませんので、「ズバリ、どなたなのか」というのを……。

霊人　うん？　うん？

大川真輝　あなた様のお名前は？

霊人　政治家だよ。

大川真輝　政治家ですか。

霊人　うん。

大川真輝　どういう名前でお生まれになった？

霊人　うん？　社会党（現・社民党）の……。

大川真輝　社会党。

霊人　うーん、どこ出身だったかなあ。浅沼《あさぬま》、うん。

綾織　浅沼。

霊人　浅沼かな。

大川真輝　（浅沼）稲次郎《いねじろう》？

霊人　う、うーん、うん、何か、ひ……、ひ……、日比谷《ひびや》で何か……。

浅沼稲次郎（1898 ～ 1960）
政治家。戦後、日本社会党の結成に加わり、書記長、委員長を歴任、安保闘争を指導した。1960 年、日比谷公会堂で行われた党首立会演説会で演説中、右翼の少年に刺殺された。

大川真輝　刺《さ》されましたか？

霊人　うーん。何か右翼《うよく》にやられとる。

大川真輝　うーん！

斎藤　右翼に刺された経験がございますか。

霊人　うん。右翼が何か、民主主義を妨害《ぼうがい》しようとしたような気がするなあ。

綾織　それでは、生前から生長の家に対して反発されていたというか、問題視されていた？

霊人　いや、うよ……、うよ……、右翼を潰《つぶ》す……。

綾織　ああ、右翼を。

霊人　うん。っていうことが大事だと思う。絶対に、右翼のそういうなあ、暴力体質は、絶対に許しては……。やっぱり、平和、平和……、「反戦・平和・非暴力」は非常に大事だ。

斎藤　「反戦・平和・非暴力」、これがキーワードですか。

霊人　うん、うん。

大川真輝　要するに、「初代のころの生長の家に反対の側だった方々が、今、生長の家を崩壊させようとして指導されている」ということですね。

霊人　うん、もちろん、そう。もちろん、そう。

だから、戦争が終わって、ＧＨＱ（連合国軍最高司令官総司令部）が日本を統治したときに、生長の家は解散して、もう二度と復活してはならなかった。

それが生き返って、〝ゾンビ宗教〟なんで、これは滅《ほろ》ぼさねばならないんで。その機会はずっと窺《うかが》っておったが、二代目はちょっと、婿《むこ》養子なんで、少し崩《くず》し切れなかったんで、三代目のときに、ちゃんと政治指導して、潰すつもりではおりますけどね。

斎藤　二代目から霊的な世界では関係があって、崩し切れずに、三代目のときに、何か距離《きょり》が縮まった。そんな感じでしょうか。

霊人　うーん。だから、右翼はいかんよ。右翼はね、暗殺集団で、イスラム原理主義と同じだから駄目《だめ》だ。

大川真輝　あなたにとっては、もう、谷口雅春《まさはる》総裁や三島由紀夫《みしまゆきお》さん、岸信介《きしのぶすけ》さんは、まさに「敵」に当たる方々ですよね。

霊人　敵ですよ。それは、間違《まちが》った人たちに対しては、やっぱり、徹底《てってい》的に反省してもらわないといかんからな。

大川真輝　つまり、霊的世界でも復讐《ふくしゅう》として……。

霊人　だから、生長の家を消滅《しょうめつ》させたら、私は、成仏《じょうぶつ》できると思うなあ。

霊人の目的は「生長の家」と「右翼《うよく》勢力」の消滅《しょうめつ》

綾織　あの……。

霊人　（元・産経新聞記者である綾織に）産経新聞を潰したら、同じく成仏できる。

綾織　（苦笑）「谷口雅宣総裁が初代総裁を否定する理由」については、浅沼さんからは、どのようにご覧になっていますか？

霊人　〝かっこ悪い〟からでしょう。

綾織　かっこ悪い？

霊人　うん。〝かっこ悪い〟んじゃないの。戦前の国粋《こくすい》主義をいまだにやってて、「日の丸」の旗を振《ふ》るのが恥《は》ずかしいんじゃないの。

綾織　あっ、恥ずかしい。

霊人　外国に行って帰ってる。やっぱり、恥ずかしいんじゃないの？　宗教の家に生まれて恥ずかしいんだよ。

綾織　宗教の家系に生まれて恥ずかしい。

霊人　うん。それで、もうちょっと、かっこよくなければ……。もうちょっと「国際企業《きぎょう》」みたいなところで、やれたらよかったんじゃないの。

大川真輝　「アメリカに行って、かっこよく、いろいろ学んできた自尊心のあたりの隙《すき》を突《つ》かれた」ということですか。

霊人　だから、本当は、青山《あおやま》学院の国際の政治でも何か、教えられたら幸福だったんじゃないの？　だけど、家が「宗教の家」だから、跡《あと》を継《つ》がないかんようになって。あと、みんな、継ぐ人がいないから、継ぐようになったから、反抗《はんこう》してるんじゃないの？　「こんなかっこ悪い職業になった」っていう。

大川真輝　うーん。「そういう屈折した思いと思想を持った総裁が出てきたから、霊的にはすごくご指導しやすい状況《じょうきょう》になった」と。

霊人　うん、まあ、完全に〝一体化〟はできてないけど、今、かなり、何て言うかなあ、床下《ゆかした》の柱の切り崩《くず》しは、かなり成功したわな。

大川真輝　では、目的は「生長の家」の消滅《しょうめつ》？

霊人　だけではなくて、それは、生長の家に象徴《しょうちょう》される「右翼《うよく》勢力」も消滅です。

斎藤　右翼勢力を消滅する計画ですか？

霊人　「社会党」が消滅したんだよね。「社会党」は消滅して、今、「社民党」が〝崖《がけ》っぷち〟よね？　なくなりかかってるからさ。
だから、社会党は、やっぱり必要だったんだよ。必要で、それが安倍《あべ》的な政治の暴走を止《と》める役割をしてたから。
もう社民党も、今、二人かな？（注。現在、衆議院議員は二人、参議院議員は三人）何かね。もう「消えるかもしらん」っていうとこに、今、来てるからさ、選

挙戦（第24回参議院議員通常選挙。二〇一六年六月二十二日公示、七月十日投開票）だから。

これは、やっぱり、そちらを応援《おうえん》するのも一つだろうけども、「右翼の切り崩し」も大事だから。生長の家を切り崩して、あと、右派は全部切り崩していく。だから、君らだって、マスコミがなるべく取り扱《あつか》わないように、それは一生懸命《いっしょうけんめい》、反対勢力から、陰《かげ》の圧力というか、そういう抗議や投書やファクス、嫌《いや》がらせは、マスコミに対しては、いっぱいやってるよ。君らを取り上げないように、やってるよ。

9　霊界《れいかい》に存在する〝真正日本会議《しんせいにほんかいぎ》〟の狙《ねら》いとは⁉

「私は死んで〝神〟になった。日本の〝正義〟なんだ」

綾織　ちょっとご自身のことをお伺《うかが》いしたいのですけれども、お亡《な》くなりになって、あの世、あるいは天国に、いったん還《かえ》られたのですか。どういう過ごし方をされたのでしょう。

霊人　そんなことを信じるようなのは、本当の社会主義者ではないな。

綾織　なるほど。

霊人　君らは、幸福実現党のようなものを日比谷《ひびや》公会堂で立ち上げた（注。二〇〇九年五月十日、日比谷公会堂において、大川隆法の講演会「勇気百倍法」が開催された後《のち》、幸福実現党の党首、ならびに役員たちが登壇《とうだん》し、「幸福実現党結党宣言」を行った）。な？　あそこはねえ、私が〝名誉《めいよ》の戦死〟を遂《と》げてるところなんだよ。

綾織　そうですね。

霊人　だからね、〝聖地《せいち》〟を穢《けが》すなよ。

綾織　あなたは亡くなったわけですけれども、今は？

霊人　だから、〝神〟になったんだ。

日比谷公会堂（東京都千代田区）

綾織　〝神〟になった？

霊人　うん。今、〝神〟になった。〝生ける神〟。

綾織　〝生ける神〟？

霊人　うん。〝神〟になった。〝神〟になる。〝日本の正義〟なんだ。

綾織　命は、ずっと続いているんですね？

霊人　それは、そうだ。〝神〟になったのよ。死んで〝神〟になった。

綾織　死んで〝神〟？

霊人　うん。

綾織　ちょっと分かりにくいんですけれども（苦笑）、霊《れい》になられてるわけではないですか？

霊人　いやあ、「霊」っていうのは、よく分からん。

綾織　分からない？

霊人　ただ、〝神〟になったことだけは分かる。

社会党の〝神〟として「民進党」「生長《せいちょう》の家《いえ》」を指導している

斎藤　最近、「日本会議」なる組織が非常に注目を集めていて、いろいろな報道やレポートなどが出ています。

その根源には、「生長《せいちょう》の家《いえ》初代総裁の谷口雅春《まさはる》氏が説かれた教えに基《もと》づいて、コアメンバーの一部の方々が五十年間頑張《がんば》られて、水面下で努力をされていた」ということがあって、今、そうしたこともレポートとして出ているわけですけれども、そうした日本会議に対しては、どのような思いをお持ちでしょうか。

霊人　まあ、そういう小さいやつはよく分からん。分からんけど、社会党はな、また、何百人から政治家を持ってるような政党にしなきゃいかんな。

斎藤　「社会党を復活させたい」ということですかね。

霊人　うん。だから、民進党が左翼《さよく》勢力を集めて、〝新しい社会党〟になって、きっとね、復活するよ。もうすぐな。

斎藤　そういう指導をされているのですか。

霊人　うん。〝神〟だから。

斎藤　（苦笑）では、そちらにインスピレーションを送っているのですか?

霊人　うん。〝神〟だから。

斎藤　はあ……。

大川真輝　そうすると、先ほど谷口雅宣総裁の守護霊がおっしゃった政治思想は、いわゆる旧社会党の石橋《いしばし》（政嗣《まさし》）さんが言っていた「非武装中立論」の流れのなかにあるものですね。

霊人　うん。そうだな。でも、そこに、日本の戦後のインテリは、みんな集まってたからな。

大川真輝　それは結局、もう、「最悪、武装していなければ、侵略《しんりゃく》されたとしても皆殺《みなごろ》しにされることはないだろう」という思想ですよね？

霊人　まあ、それは、「白旗を揚《あ》げている者を殺す」ということはないだろう。

●**非武装中立論**　「自衛を含めた軍備を放棄し、中立主義を行う」という、国家安全保障の考え方。日本では、戦後、日本国憲法の前文や第9条を根拠に、日本社会党などによって主張された。なお、1980年には、後に日本社会党委員長になる衆議院議員の石橋正嗣氏によって『非武装中立論』が発刊。この本は、その後、長らく絶版になっていたが、2006年に解説付きで復刻されている。

大川真輝　「それが本質だ」と？

霊人　うん。別に、白旗を揚げれば……、まあ、インディアンだって、手を上げて出てくれれば殺されない。騎兵隊《きへいたい》に殺されはしない。

綾織　民進党の指導部を導いていらっしゃる？

霊人　うーん、まあ、それもしてる。「右翼の切り崩《くず》し」と、そうした、「安倍《あべ》政権に反対するところの糾合《きゅうごう》」を、今はやっとる。

綾織　一昨日《おととい》（二〇一六年六月二十一日）、谷口雅春初代総裁にお話をお伺いする機会があったのですけれども、雅春氏は、「三代目の雅宣氏は悪魔《あくま》と契約《けいやく》した」というようなことをおっしゃっていました（前掲《ぜんけい》『生長の家　創始者　谷口雅春に政治思想の「今」を問う』参照)。

霊人　いや、〝神〟だ。〝神〟、〝神〟！　〝神〟と契約《けいやく》したの。

綾織　なるほど。

霊人　うん。社会党の〝神〟と契約……。

綾織　社会党の〝神〟。

霊人　うん。

土井《どい》たか子氏や市川房枝《いちかわふさえ》氏などと集団で「反戦」を指導している

斎藤　やや素朴《そぼく》な質問なのですけれども、谷口雅宣総裁の守護霊を呼んだときに、最後のほうで、「実は、原宿《はらじゅく》とか、あのへんはきつくてなあ。もう、乃木《のぎ》将軍の墓《はか》や東郷平八郎《とうごうへいはちろう》の神社などが一緒《いっしょ》だから、大変だろう」というような感じでした。

霊人　うん。「ああいう〝犯罪人〟を神として祀《まつ》る」っていうのは、本当によくないことだな。〝戦争犯罪人〟です。な?　彼らは〝戦争犯罪人〟だ。

斎藤　乃木将軍も東郷平八郎も、戦争犯罪人ですか。

霊人　うん。戦後は、私たち、社会主義、科学的社会主義を信ずる者が〝正義〟だったからね。彼らは〝戦争犯罪人〟で、司馬遼太郎《しばりょうたろう》っていう〝悪魔〟が……。

斎藤　（苦笑）司馬遼太郎は悪魔ですか。

霊人　うーん、彼らをちょっと売り出したかもしらんけども。

斎藤　なるほど。

霊人　やっぱり、明治国家以降の（歴史）は、「暗黒の歴史」だからね。それで敗戦によって、やっと〝神〟が誕生することになった。

斎藤　では、「反戦」が、教義的な面で、かなり強いんですね。

霊人　うん、うん、うん、うん。

斎藤　やはり、それがメインですか。

霊人　もちろん、私だけじゃなくて、ほかにもな、政治家とか、いろいろいるからね。いちばん強くは、私だけど。

斎藤　いちばん強い?

霊人　うん、いやあ、私がいちばん強く指導してはいる……。

斎藤　ああ、指導している?

霊人　けども、まあ、ほかにも、なあ? おたかさん（土井《どい》たか子氏）とかさあ、それから、女性解放運動をやっとった、何だっけ？

綾織　市川房枝《いちかわふさえ》。

霊人　うーん、そう、そう、そう、そう。そんなような人たちもな、だいたい、周りにみんな集まっとるからな。

綾織　ああ、集まっている？

霊人　うん。

斎藤　あっ、それは、もしかしたら、グループなのですか。

平和主義で一世を風靡《ふうび》した女性政治家の死後の様子に迫る。『元社会党委員長・土井たか子の霊言』（幸福の科学出版刊）

菅直人氏の政治的ルーツでもあった市川房枝の霊に、その政治思想を聞く。『菅直人の原点を探る』（幸福の科学出版刊）

霊人　うん。そう。グループ。これ、〝日本会議〟。

斎藤　あっ！

大川真輝　〝逆日本〟。

斎藤　〝逆日本会議〟？

霊人　いやあ、逆かどうかは知らん。これは〝真正《しんせい》日本会議〟。

斎藤　〝真正日本会議〟？（苦笑）

市川房枝（1893～1981）
婦人運動家。政治家。戦前・戦後にわたり、婦人参政権運動等に取り組む。写真は、参議院本会議で代表質問をする市川房枝議員。（1979年1月31日撮影）

霊人　ええ。「正しい」。

斎藤　はあ……。

「マルクス系統の集合霊《れい》」が安倍《あべ》首相の応援団《おうえんだん》を狙《ねら》っている

綾織　浅沼《あさぬま》さんを含《ふく》め、そうした〝真正日本会議〟の方々を導かれている存在というのは、いらっしゃいますか？

霊人　うん？　ああ？　うん？　わしらが？

綾織　みなさんに、何か、「こうしなさい」「こうしたほうがいいよ」というようなことをおっしゃる方というのは、どなたかいらっしゃいますか？

霊人　うーん……、まあ、外国の方は偉《えら》くて、よく分からないんだけども、おそらく、マルクス、エンゲルスやレーニン、スターリン系統の流れを引いている人たちが〝主宰神《しゅさいしん》〟かなあとは思うんだが。

斎藤　マルクス、エンゲルス、レーニンの傾向《けいこう》、方向性を持った人で構成されている?

霊人　うん、うーん。そちらのあれ……。

ただ、外国の〝神〟は偉くて、ちょっと、よく分からない。特定できないんだけど、そちらの流れを引いてる人だと思う。

カール・マルクス（1818 ～ 1883）
ドイツの経済学者・哲学者・革命家。ドイツ観念論哲学等を批判的に取り入れて科学的社会主義を創始。主著『資本論』『共産党宣言』等。

ウラジーミル・レーニン（1870 ～ 1924）
ソビエト連邦初代最高指導者。1917 年ロシア革命で社会主義国家・ソビエト連邦を樹立した際の中心的人物。主著『帝国主義論』『国家と革命』等。

大川真輝　そのへんは、「大逆《たいぎゃく》事件」などで、明治の終わりから大正時代以降にかけて、どんどん亡くなっていったような社会主義的な思想を持っていた方々の流れですよね？

霊人　うん、うん、うん、うん。だから、先の第二次大戦を止《と》めようとしていた、日本の〝平和勢力〟だよな？

大川真輝　その「集合霊《れい》」「集合想念」ということですね。

霊人　うん。だから、私たちの言うとおりにやっておれば〝平和〟なのよ。だけど、安倍《あべ》は、〝右翼の亡霊〟に取り憑《つ》かれてっからな。

フリードリヒ・エンゲルス（1820 ～ 1895）
ドイツの経済学者、社会主義者。マルクスの遺稿をもとに『資本論』を完成させるなど、国際的な労働運動の指導者として知られる。
主著『家族・私有財産・国家の起源』等

大川真輝　今、次なる影響《えいきょう》を与《あた》える先として新宗教系を狙《ねら》われていますか？　新宗教は使える感じがしますか？

霊人　うん？　「新宗教系を狙われてるか」っていうのは、よく分からない言い方だな。

斎藤　「いわゆる宗教団体で関連しているのは、生長の家だけですか」ということですね。ほかは、特に、射程《しゃてい》に入れていますか？

霊人　だから、あとは順番に、その何？　日本会議はよく知らないけども、安倍の応援団《おうえんだん》に入ってるところには、切り崩しの「隊長」はつけていく。

斎藤　あっ、「安倍首相の応援団グループに入っている者は狙っていく。崩してい

●**大逆事件**　1910年、明治天皇暗殺を計画したとして、多数の社会主義者や無政府主義者が検挙された事件。翌年1月、幸徳秋水《こうとくしゅうすい》ら12名が処刑されたことから、幸徳事件とも呼ばれる。

く」と？

霊人　うん。こちらには、真正、〝真理で正しい日本会議〟があるから、その〝真正日本会議〟のメンバーが、そういう日本会議に入ってるような宗教等は、右翼から切り崩していくつもりでは、やっている。

斎藤　なるほど……。

目標は「社会党の復活」。幸福実現党も「消し込《こ》もうとしている」

霊人　地上では、今、岡田君《おかだくん》（岡田克也《かつや》民進党代表）たちが頑張っているから。

斎藤　「岡田君が頑張っている」？

霊人　うん、うん、うん。

綾織　幸福実現党についてはどう思われます?

霊人　そんな政党は、世の中で認められてないので。

大川真輝　すみません。今、「岡田君たち」とおっしゃいましたけれども、つまり、今の「民進党」というのは、ズバリ、旧社会党霊界の指導を完全に受けていると?

霊人　それはそうだよ。中心はそうです。

だから、社会党が「一か二分の一政党」……、「一と二分の一」か知らんが、「一か二分の一政党」って、まあ、自民党の半分(の勢力)は持ってたものがねえ、今は〝消え〟かかっているから。これをもう一回、大同団結して復活させる必要があるので、それをしようとして、今、野党連合をつくってるんで。それで、大きな政党ができるんじゃないかな、野党のな。で、自民党に拮抗《きっこう》する。

大川真輝　では、いわゆる「野党連合」というのは、社会党の復活を狙っていると？

霊人　うん、そう。目標はそう。

大川真輝　そして、また自民・社会の……。

霊人　うん、うん。そう、そう、そう、そう。二大政党な。

大川真輝　「二大政党」に持っていきたいということですかね？

霊人　うん、うん。そう、そう、そう。

斎藤　「共産党」との連動はどうですか？

霊人　共産党も、もうちょっと付き合いがよければな、一緒にやっていける。

斎藤　仲間ではある？

霊人　うーん、だけど、日本共産党は……。

斎藤　流派が違《ちが》うのですか？

霊人　日本共産党は、世界の共産党とはちょっと違うからね。日本独自に進化したものだから。

斎藤　ふーん。

綾織　すみません。幸福の科学、あるいは、幸福実現党自体の勢力というのは、「日本会議」よりも組織としてはしっかりしていて、勢力としても大きいものがあるのですけれども。

霊人　ふーん。ああ、そう。だから、一生懸命《いっしょうけんめい》、早く〝消し込《こ》もう〟として頑張ってんだけど、君らは巧妙《こうみょう》に、産経とかと、ＮＨＫとかを攻撃《こうげき》して、ちょっと何かなあ？　少し出ていこうとして、やっとるようだけども。

「釈量子《しゃくりょうこ》」（幸福実現党党首）っていうような〝怨霊《おんりょう》〟とかも、早く退治しなきゃいけないなあ。

斎藤　（苦笑）怨霊ですか。そういうふうに見えるのですか。

霊人　國學院《こくがくいん》出の〝怨霊〟（釈量子は國學院大學卒）。ああいう時代がかったやつは、早く〝消さないと〟いかんなあ。

10 「非武装中立」で日本を護《まも》ることができるのか

「非武装中立」を守っている〝平和〟な国は攻《せ》められない？

斎藤　純粋《じゅんすい》に、素朴《そぼく》に訊《き》いてみたかったことなのですけれども、「左翼《さよく》の方々の理想」や「どういう世界をつくりたいのか」というところを、一回、教えてください。

霊人　そうだねえ……。〝社会的〟、〝科学的〟に基《もと》づいて、〝平和なユートピア社会〟をつくろうとしてるんだねえ。

斎藤　平和なユートピア社会ですか。

霊人　うん。〝理性に基づくユートピア運動〟が、われわれの考えだ。

斎藤　理性に基づくユートピア運動？

霊人　君たちは理性じゃなくて、〝幻覚《げんかく》に基づくユートピア運動〟をやってる。

斎藤　では、続いて質問しますけれども、そうしたユートピア社会をつくるときに、何をもって「ユートピア」というように考えているのですか？　その「左翼の中心のところ」というのは、何か言葉で示すとすると、どのような世界なのでしょうか。

霊人　だからねえ、〝理性〟が支配してだねえ、すべてに過不足がなく、〝平等で公正な社会〟が実現することを、われらは目指しているわけで、これは〝現代の神〟の考えなんだ。

斎藤　では、もし、侵略《しんりゃく》の意図を持った悪意のある国が攻《せ》めてきて、支配しようとしたり、殺戮《さつりく》を行《おこな》ったりしたとき、そうした理想と現実のギャップが出たときに、左翼の方々は、どう考えるのでしょうか。

例えば、自分の身内が目の前で殺されそうになったり、あるいは、先日（二〇一六年六月十二日）、アメリカで五十人が死亡した銃《じゅう》乱射事件がありましたけれども、そうした状況《じょうきょう》が起きたとき、左翼のみなさんは、どのように……。

霊人　まあ、そういう細《こま》かいことは、よく分からんけども……。

斎藤　（苦笑）細かいことは、よく分からない？

霊人　ああ。だから、安倍《あべ》政権のようなものが武装して、戦争する気になったら、強国が出てきて、戦いを呼んでくることはあるから、みんなが殺されることはあるけども、〝平和〟で非武装中立を守ってるかぎりは、そんなことは国際社会が許さないから、まあ、ありえない。

斎藤　先ほど、大川真輝専務が指摘《してき》されていましたけれども、「非武装中立していれば大丈夫《だいじょうぶ》だ」、つまり「〝保証書〟を出しておけば大丈夫だ」と考えられているわけですね？

霊人　大丈夫、大丈夫。非武装中立の国に攻め込《こ》んだら、それは国際社会が許さんでしょう。やっぱり、二百カ国もあるんだから、それは許さない。絶対、許さない。

斎藤　だから、大丈夫だと？

霊人　国連も許さないから、それは大丈夫、大丈夫。だけど、こちらの安倍政権が武装を拡大して、戦いを挑《いど》んだら、それは負けることはあるわな、またしてもね。もう、二回目の敗戦が来るかもしらんなあ。

斎藤　助けてくれなかったとしても、それは、そのままでいいんですか。

霊人　だから、「非武装中立の国は、攻められない」って言ってるじゃん。

「武装しなくていい。最悪、中国の傘下《さんか》に入ればいい」

斎藤　でも、現実はどうなのでしょうね。

アジアの仮想軍事大国が、日本を侵略する近未来の姿を予言的に描いた実写映画「ファイナル・ジャッジメント」（右）と、アニメ映画「神秘の法」（左）のワンシーン（いずれも製作総指揮・大川隆法／2012年公開／日活）。

霊人　攻められない。だから、早く自衛隊はなくしたほうがいい。

斎藤　（苦笑）自衛隊をなくす？

霊人　あれは、〝災害復旧《ふっきゅう》隊〟にしたほうがいい。

大川真輝　「敗戦でGHQに一回占領《せんりょう》されているので、もうこれ以上、悪いことは起こるはずがない」という考えですよね？　「非武装中立でいっておけば、最悪であったとしても、占領されただけで終わる」と。

霊人　だからねえ、武装しようとしてるから、何か、「日本は、アメリカが護《まも》らなくてもいい」なんて議論が出てくるんで、武装しなきゃいいのよ。

だから、最悪、中国の傘下《さんか》に入りゃいいんだよ。

斎藤　ただ、チベットなど、いろいろ見ていると……。先ほど、生長《せいちょう》の家《いえ》の三代目の守護霊様が言っていましたけれども、「中国もねえ、大変なんだよ。日本の十倍以上、養ってるしさあ」というような感じでしたけれども。

霊人　君ら、中国語を勉強するのが面倒《めんどう》くさいだけなんだろう？

斎藤　あっ、「中国語を勉強して、共生《ともい》きの世界をつくれば、それでいい」ということですか？

霊人　うーん、だから、英語から中国語に変わるだけのことだから、第二言語、外国語がねえ。

斎藤　それが、先ほど言った「ユートピア社会」ですか？

霊人　学校の教育が、英語教育から中国語に変わるだけだから。別に、それで君たちは平和に生きていけるよ。

斎藤　なるほど。それが「ユートピア」なのですね、おっしゃったように。

霊人　うん。君たちは、「極東《きょくとう》の自治区」になるんじゃないの？

斎藤　では、日本の文化は消滅《しょうめつ》してもいいんですか。

霊人　いや、日本の文化は昔から中国文化と一緒《いっしょ》だから、別に構わない。

斎藤　なるほど、考え方としては……。

霊人　漢字文化圏《けん》でしょう?

斎藤　はい。

霊人　それでいいんだよ。

「生長の家は、もう二度と息を吹《ふ》き返すことはないだろう」

斎藤　（綾織を指して）何か「ザ・リバティ編集部」のほうから補足としては……。

霊人　何かあるの?

綾織　今、お話しになった考え方自体が、「時代錯誤《さくご》」……。

霊人　〝神〟の意見だ。

綾織　「時代錯誤」だと思いますので……。

霊人　あっ、そう？

綾織　私どもとしては、「そういう時代を終わらせる」ということで、やっていきたいと思います。

霊人　まあ、そういう人がいてもいいよ。そらあ、やっぱり、右翼の暴力団は、なかなか言うことをきかないから。それはいいよ。

斎藤　だいたい、お考えは分かりました。

霊人　分かった？

斎藤　では、今後、生長の家に対しては、どうするおつもりですか。その一言《ひとこと》をお訊きします。

霊人　もう完全に虜《とりこ》にしたから、二度と息を吹《ふ》き返すことはないだろう。

斎藤　「もう二度と息を吹き返さない」と。

霊人　二度と息は吹き返さないし、あとは、東郷《とうごう》だとか、乃木《のぎ》だとか、あのへんも全部、墓《はか》を暴《あば》いて、「戦争犯罪人だ」ということを明らかにしたいと思ってますよ。

斎藤　なるほど。いちばん嫌《きら》いなものは何ですか。

霊人　うん？

斎藤　嫌いなものです。先ほど、「嫌《いや》だなあ。ただ、そうは言っても潰《つぶ》したい」と言って、嫌がっていましたね。

霊人　うーん、やっぱり、ロシアと戦ってだねえ、「勝ってはいけない戦《いくさ》に勝ったやつらが、いちばん嫌い」だなあ。

斎藤　なるほど。分かりました。

霊人　うん。「やってはいけないこと」だったなあ。

斎藤　分かりました。だいたい、「考え方の筋《すじ》」というものが明らかになりました。まことに、ありがとうございます。

11　宗教と政治の重要な分析《ぶんせき》となった今回の霊査《れいさ》

大川隆法　（手を二回叩《たた》く）はい、ありがとうございました。
まあ、霊査《れいさ》としては、極《きわ》めて重要なものでしたね。

大川真輝　重要だと思います。

大川隆法　これは、「宗教分析《ぶんせき》」と「現代の政治分析」として、「宗教と政治の連動」を見抜《みぬ》く上で、非常に大事な分析だったのではないでしょうか。これは、上手に使わないといけません。ちゃんと「裏はある」ということです。
ですから、「宗教が政治に口出ししてはいけない」などというのは幻想《げんそう》であって、実際は、宗教と政治は一体化して動いているわけです。

それを、当会は、「真理はどちらの側にあるか」「神の正義とは何なのか」という観点から述べています。こうしたことを認めない人もいるとは思いますが、やり続けるしかないでしょう。

釈《しゃく》さん（釈量子《りょうこ》・幸福実現党党首）、頑張《がんば》れ！

やはり、頑張るしかありませんね。

斎藤　はい、頑張ってまいります！

質問者一同　ありがとうございました。

あとがき

三十年前に、『谷口雅春霊言集』を刊行した際には、「生長の家は三百三十万人も信者がいるから、君たちに切れっぱしの三万人ぐらいの信者を分けてやってもいい。」と豪語《ごうご》するほど、初代の雅春師は自信満々だった。

時の流れは早く、まさか生長の家の本部が原宿を引き払って、山梨県に移り、その理由が「『CO_2』の排出を減らしたい。」であるとは驚きだった。何年か前に私がブラジル巡錫《じゅんしゃく》した時に、かの地で生長の家が焼《や》き畑《はた》農業のCO_2を問題にしていることは耳にしていたが……。

実際に神を知らず、霊を知らない人が宗教指導者をやればどうなるかを、目の当《まあ》たりにした気持だった。初代の「本来肉体なし。本来病《やまい》なし。」は霊的実相《じっそう》からいえば今も真理だし、「光一元《ひかりいちげん》」の思想も勇気の法としては、まだ生命を持っている。地球温暖化ではなく、寒冷化が近づいていることを知らない宗教家は悲しい存在だと思った。

二〇一六年　六月二十八日

幸福《こうふく》の科学《かがく》グループ創始者兼総裁《そうししゃけんそうさい》　大川隆法《おおかわりゅうほう》

『生長の家 三代目　谷口雅宣のスピリチュアル分析』大川隆法著作関連書籍

『正義の法』（幸福の科学出版刊）
『未来へのイノベーション』（同右）
『生長の家 創始者　谷口雅春に政治思想の「今」を問う』（同右）
『元朝日新聞主筆　若宮啓文の霊言』（同右）
『元社会党委員長・土井たか子の霊言
　　　　――死後12日目の緊急インタビュー――』（同右）
『菅直人の原点を探る――公開霊言　市川房枝・高杉晋作――』（同右）
『されど、大東亜戦争の真実　インド・パール判事の霊言』（同右）

生長《せいちょう》の家《いえ》 三代目《さんだいめ》
谷口雅宣《たにぐちまさのぶ》のスピリチュアル分析《ぶんせき》

2016年 6 月30日　初版第 1 刷

著　者　　大《おお》 川《かわ》 隆《りゅう》 法《ほう》

発行所　　幸福の科学出版株式会社

〒107-0052 東京都港区赤坂 2 丁目 10 番 14 号
TEL(03)5573-7700
http://www.irhpress.co.jp/

印刷・製本　株式会社 研文社

落丁・乱丁本はおとりかえいたします

ISBN978-4-86395-810-4 C0030
カバー写真：lkunl/Shutterstock.com
本文写真：AFP= 時事／時事／ Rs1421 ／ miya/PIXTA ／ KENPEI ／ Wiiii
／朝鮮中央通信＝共同／写真：共同通信社／ Marine-Blue

大川隆法シリーズ・**最新刊**

生長の家 創始者 谷口雅春に政治思想の「今」を問う

大東亜戦争、憲法と天皇制、保守思想と国家論……。従来の保守思想から大きく変質し、左傾化する現在の教団について、初代総裁の考えを訊く。

1,400円

未来へのイノベーション

新しい日本を創る幸福実現革命

経済の低迷、国防危機、反核平和運動……。「マスコミ全体主義」によって漂流する日本に、正しい価値観の樹立による「幸福への選択」を提言。

1,500円

橋本龍太郎元総理の霊言

戦後政治の検証と安倍総理への直言

長期不況を招いた 90 年代の「バブル潰し」と「消費増税」を再検証するとともに、マスコミを利用して国民を欺く安倍政権を〝橋龍〟が一刀両断!

1,400円

※表示価格は本体価格(税別)です。

大川隆法ベストセラーズ・地球レベルでの正しさを求めて

正義と繁栄

幸福実現革命を起こす時

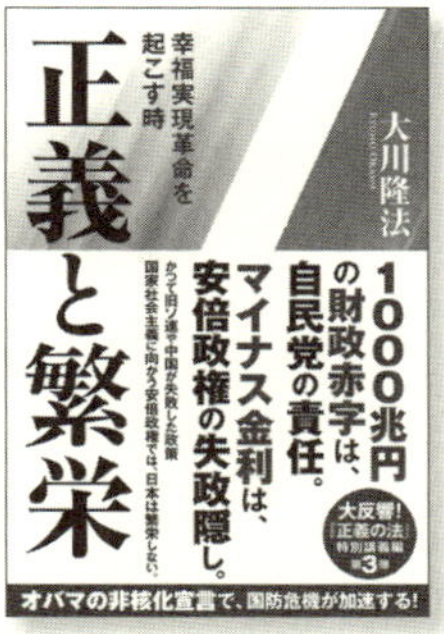

「マイナス金利」や「消費増税の先送り」は、安倍政権の失政隠しだった!?国家社会主義に向かう日本に警鐘を鳴らし、真の繁栄を実現する一書。

1,500円

世界を導く日本の正義

20年以上前から北朝鮮の危険性を指摘してきた著者が、抑止力としての日本の「核装備」を提言。日本が取るべき国防・経済の国家戦略を明示した一冊。

1,500円

現代の正義論

憲法、国防、税金、そして沖縄。
──『正義の法』特別講義編

国際政治と経済に今必要な「正義」とは──。北朝鮮の水爆実験、イスラムテロ、沖縄問題、マイナス金利など、時事問題に真正面から答えた一冊。

1,500円

幸福の科学出版

Welcome to Happy Science!

幸福の科学グループ紹介

「一人ひとりを幸福にし、世界を明るく照らしたい」──。
その理想を目指し、幸福の科学グループは宗教を根本《こんぽん》にしながら、
幅広い分野で活動を続けています。

宗教活動

幸福の科学【happy-science.jp】

- 支部活動【map.happy-science.jp（支部・精舎へのアクセス）】
- 精舎（研修施設）での研修・祈願【shoja-irh.jp】
- 学生局【03-5457-1773】
- 青年局【03-3535-3310】
- 百歳まで生きる会（シニア層対象）
- シニア・プラン21（生涯現役人生の実現）【03-6384-0778】
- 幸福結婚相談所【happy-science.jp/activity/group/happy-wedding】
- 来世幸福園（霊園）【raise-nasu.kofuku-no-kagaku.or.jp】

来世幸福セレモニー株式会社【03-6311-7286】

株式会社 Earth Innovation【earthinnovation.jp】

30th
おかげさまで30周年
2016年、幸福の科学は
立宗30周年を迎えました。

社会貢献

ヘレンの会（障害者の活動支援）【helen-hs.net】
自殺防止活動【withyou-hs.net】
支援活動
- 一般財団法人
「いじめから子供を守ろうネットワーク」【03-5719-2170】
- 犯罪更生者支援

国際事業

Happy Science 海外法人
【happy-science.org（英語版）】【hans.happy-science.org（中国語簡体字版）】

教育事業

学校法人 幸福の科学学園
- 中学校・高等学校（那須本校）【happy-science.ac.jp】
- 関西中学校・高等学校（関西校）【kansai.happy-science.ac.jp】

宗教教育機関
- 仏法真理塾「サクセスNo.1」（信仰教育と学業修行）【03-5750-0747】
- エンゼルプランV（未就学児信仰教育）【03-5750-0757】
- ネバー・マインド（不登校児支援）【hs-nevermind.org】
  - ユー・アー・エンゼル！運動（障害児支援）【you-are-angel.org】

高等宗教研究機関
- ハッピー・サイエンス・ユニバーシティ（HSU）

政治活動

幸福実現党【hr-party.jp】
- <機関紙>「幸福実現NEWS」
- <出版> 書籍・DVDなどの発刊
- 若者向け政治サイト【truthyouth.jp】

HS 政経塾【hs-seikei.happy-science.jp】

出版 メディア 関連事業

幸福の科学の内部向け経典の発刊

幸福の科学の月刊小冊子【info.happy-science.jp/magazine】

幸福の科学出版株式会社【irhpress.co.jp】
- 書籍・CD・DVD・BDなどの発刊
- <映画>「UFO学園の秘密」【ufo-academy.com】ほか８作
- <オピニオン誌>「ザ・リバティ」【the-liberty.com】
- <女性誌>「アー・ユー・ハッピー？」【are-you-happy.com】
- <書店> ブックスフューチャー【booksfuture.com】
- <広告代理店> 株式会社メディア・フューチャー

メディア文化事業
- <ネット番組>「THE FACT」【youtube.com/user/theFACTtvChannel】
- <ラジオ>「天使のモーニングコール」【tenshi-call.com】

スター養成部（芸能人材の育成）【03-5793-1773】

ニュースター・プロダクション株式会社【newstar-pro.com】

ハッピー・サイエンス・ユニバーシティ

Happy Science University

ハッピー・サイエンス・ユニバーシティとは

ハッピー・サイエンス・ユニバーシティ（HSU）は、大川隆法総裁が設立された「現代の松下村塾」であり、「日本発の本格私学」です。

学部のご案内

人間幸福学部

経営成功学部

未来産業学部

未来創造学部　2016年4月開設

政治家やジャーナリスト、俳優・タレント、映画監督・脚本家などのクリエーター人材を育てます。 ※

※キャンパスは東京がメインとなり、2年制の短期特進課程も新設します（4年制の1年次は千葉です）。

住所 〒299-4325 千葉県長生郡長生村一松丙 4427-1
TEL 0475-32-7770

ニュースター・プロダクション

ニュースター・プロダクション（株）は、新時代の“美しさ”を創造する芸能プロダクションです。2016年3月には、ニュースター・プロダクション製作映画「天使に“アイム・ファイン”」を公開しました。

幸福実現党

党の機関紙「幸福実現NEWS」

内憂外患《ないゆうがいかん》の国難に立ち向かうべく、2009年5月に幸福実現党を立党しました。創立者である大川隆法党総裁の精神的指導のもと、宗教だけでは解決できない問題に取り組み、幸福を具体化するための力になっています。

幸福実現党 釈量子サイト
shaku-ryoko.net

Twitter
釈量子@shakuryokoで検索

若者向け政治サイト「TRUTH YOUTH」

若者目線で政治を考えるサイト。現役大学生を中心にしたライターが、雇用問題や消費税率の引き上げ、マイナンバー制度などの身近なテーマから、政治についてオピニオンを発信します。

truthyouth.jp

幸福実現党 党員募集中

あなたも幸福を実現する政治に参画しませんか

○ 幸福実現党の理念と綱領、政策に賛同する18歳以上の方なら、どなたでも党員になることができます。
○ 党員の期間は、党費（年額 一般党員5,000円、学生党員2,000円）を入金された日から1年間となります。

党員になると

党員限定の機関紙が送付されます（学生党員の方にはメールにてお送りします）。申込書は、下記、幸福実現党公式サイトでダウンロードできます。

住所 **〒107-0052**
東京都港区赤坂2-10-8 6階
幸福実現党本部

TEL **03-6441-0754**
FAX **03-6441-0764**
公式サイト **hr-party.jp**